U0892030

中华人民共和国
机动车驾驶员
培训教材

Daolu Huowu Yunshu Jiashiyuan
Congye Zhishi Peixun Jiaocai

道路货物运输驾驶员
从业知识培训教材

交通运输部职业资格中心　组织编写

人民交通出版社股份有限公司
北京

内 容 提 要

本书依据《道路货物运输驾驶员培训教学大纲》编写而成，内容包括道路货物运输从业相关法律法规，道路货物运输车辆基本知识，专业知识，驾驶员职业道德与身心健康，安全与应急处置等内容。

本书适合道路货物运输驾驶员培训使用。

图书在版编目（CIP）数据

道路货物运输驾驶员从业知识培训教材 / 交通运输部职业资格中心组织编写 .—北京：人民交通出版社股份有限公司，2021.3

ISBN 978-7-114-17060-7

Ⅰ.①道… Ⅱ.①交… Ⅲ.①公路运输—旅客运输—汽车驾驶员—资格考试—教材②公路运输—货物运输—汽车驾驶员—资格考试—教材 Ⅳ.① U492.4 ② U492.3

中国版本图书馆 CIP 数据核字（2021）第 025509 号

书　　名：道路货物运输驾驶员从业知识培训教材
著 作 者：交通运输部职业资格中心
责任编辑：董　倩　薛　亮
责任校对：刘　芹
责任印制：张　凯
出版发行：人民交通出版社股份有限公司
地　　址：（100011）北京市朝阳区安定门外外馆斜街 3 号
网　　址：http：//www.ccpcl.com.cn
销售电话：（010）59757973
总 经 销：人民交通出版社股份有限公司发行部
经　　销：各地新华书店
印　　刷：中国电影出版社印刷厂
开　　本：787 × 1092　1/16
印　　张：5.75
字　　数：102 千
版　　次：2021 年 3 月　第 1 版
印　　次：2023 年 2 月　第 13 次印刷
书　　号：ISBN 978-7-114-17060-7
定　　价：35.00 元

编写委员会

主　任：范　立

委　员：（按姓氏笔画排序）

王志甫　王恒伟　甘家华　关志勇

何　亮　陈鸿兴　谢　静　董　倩

前　言

道路运输在交通运输体系中具有举足轻重的地位，而道路客货运输驾驶员作为运输服务的直接提供者和运输生产的具体实施者，为我国交通运输和经济社会发展做出了重要贡献。我国道路客货运输驾驶员已超过1600万人，形成了一支数量较为庞大、具有一定专业技能的驾驶员队伍。但是我国仍处于道路交通事故多发期，且驾驶员安全意识淡薄、违法驾驶和驾驶操作不规范是引发交通事故的主要原因。因此，切实加强对驾驶员的培训和从业资格管理，有利于推进道路运输行业规范、稳定、健康发展，是实现道路运输安全源头管理的关键。

为进一步提高道路客货运输驾驶员队伍的综合素质，保障运输安全，改善运输服务质量，2020年，交通运输部职业资格中心依据《道路旅客运输及客运站管理规定》（交通运输部令2020年第17号）和《交通运输部办公厅关于做好道路货物运输驾驶员从业资格考试制度改革有关工作的通知》（交办运〔2020〕66号）的有关规定，并结合道路运输行业发展面临的新形势和新要求，在《道路客货运输驾驶员从业资格培训教材》（2012年版）的基础上，编写了《道路旅客运输驾驶员从业资格培训教材》和《道路货物运输驾驶员从业知识培训教材》。

《道路货物运输驾驶员从业知识培训教材》以《道路货物运输驾驶员培训教学大纲》中的道路货物运输从业相关知识为重点，注重法规知识和应用能力的双重解读；表述形式通俗易懂，图文并茂，重点章节辅以典型案例，具有较强的实用性、科学性和可读性，对学员充分掌握道路货物运输专业知识以及提高自身职业素养具有积极的作用。

限于编者的经历和水平，书中难免有不妥或错误之处，敬请批评指正，提出修改意见和建议，以便修订时改正。

编写委员会

2021年2月

Contents 目录

第一章 道路货物运输从业相关法律法规

道路货物运输从业相关法律法规包括《中华人民共和国安全生产法》（以下简称《安全生产法》）、《中华人民共和国劳动法》（以下简称《劳动法》）、《中华人民共和国劳动合同法》（以下简称《劳动合同法》）、《中华人民共和国反恐怖主义法》（以下简称《反恐怖主义法》）、《中华人民共和国道路运输条例》（以下简称《道路运输条例》）、《中华人民共和国公路安全保护条例》（以下简称《公路安全保护条例》）等。

第一节 道路货物运输从业相关法律

道路货物运输从业相关的法律有《安全生产法》《劳动法》《劳动合同法》《道路运输条例》《公路安全保护条例》等，这些法律法规对道路货物运输从业人员的权利与义务、法律责任都作出了明确的规定。道路货物运输驾驶员（以下简称货运驾驶员）作为道路货物运输的从业人员，应该熟知法律法规的相关内容，认真履行自己的权利和义务。

一 货运驾驶员的权利和义务

《安全生产法》明确规定了从业人员的安全生产权利和义务，生产经营单位的从业人员有依法获得安全生产保障的权利，并应当依法履行安全生产方面的义务。《劳动法》规定，用人单位应当依法建立和完善规章制度，保障劳动者享有劳动权利和履行劳动义务。《安全生产法》规定，生产经营单位必须执行依法制定的保障安全生产的国家标准或者行业标准，用人单位应当对从业人员进行安全生产教育和培训，保证从业人员具备必要的安全生产知识，熟悉有关的安全生产规章制度和安全操作规程，掌握本岗位的安全操作技能，了解事故应急处理措施，知悉自身在安全生产方面的权利和义务。未经安全生产教育和培训合格的从业人员，不得上岗作业。

货运驾驶员依法享有获得安全生产保障的权利，并应该依法履行安全生产义务，必须执行依法制定的保障安全生产的国家标准或者行业标准。货运驾驶员被道路运输企业聘用后，未参加安全生产教育和培训，将受到不得上岗作业的限制。货运驾驶员要保障运输安全，需要具备必要的安全生产知识，熟知相关规章制度和操作规程，掌握本岗位安全驾驶操作技能，了解事故预防及应急处理措施，知悉自身的安全生产权利和义务。

1. 货运驾驶员的权利

《安全生产法》规定，生产经营单位与从业人员订立的劳动合同，应当载明有关保障从业人员劳动安全、防止职业危害，以及依法为从业人员办理工伤保险的事项。从业人员有权对本单位安全生产工作中存在的问题提出批评、检举、控告；有权拒绝违章指挥和强令冒险作业。从业人员发现直接危及人身安全的紧急情况时，有权停止作业或者在采取可能的应急措施后撤离作业场所。因生产安全事故受到损害的从业人员，除依法享有工伤保险外，依照有关民事法律尚有获得赔偿的权利的，有权向本单位提出赔偿要求。

例如，不按规定进行车辆维护等都属于安全隐患。货运驾驶员拒绝企业管理人员违章指挥、强令冒险作业，属于依法行使安全生产权利的行为。

《劳动法》规定，劳动者享有平等就业和选择职业的权利、取得劳动报酬的权利、休息休假的权利、获得劳动安全卫生保护的权利、接受职业技能培训的权利、享受社会保险和福利的权利、提请劳动争议处理的权利以及法律规定的其他劳动权利。根据《劳动法》的规定，货运驾驶员享有取得劳动报酬、获得劳动安全卫生保护、接受职业技能培训、享受社会保险和福利等劳动权利。

2. 货运驾驶员的义务

《安全生产法》规定，从业人员在作业过程中，应当严格遵守本单位的安全生产规章制度和操作规程，服从管理，正确佩戴和使用劳动防护用品。从业人员应当接受安全生产教育和培训，掌握本职工作所需的安全生产知识，提高安全生产技能，增强事故预防和应急处理能力。从业人员发现事故隐患或者其他不安全因素，应当立即向现场安全生产管理人员或者本单位负责人报告。货运驾驶员在运输过程中应依据《安全生产法》的规定，按照规定佩戴、使用运输企业提供的符合国家标准或者行业标准的劳动防护用品，确保运输过程中自身安全。

《劳动法》规定，劳动者应当完成劳动任务，提高职业技能，执行劳动安全卫生规程，遵守劳动纪律和职业道德。货运驾驶员应该履行完成劳动任务、提高职业技能、执行劳动安全卫生规程、遵守劳动纪律和职业道德等劳动义务。

根据《劳动法》的规定，用人单位应当按照国家规定提取和使用职业培训经费，有计划地对劳动者进行职业培训。用人单位支付劳动者的工资不得低于当地最低工资标准。用人单位未向劳动者提供必要的劳动防护用品和劳动保护设施的，由劳动行政部门或者有关部门责令改正，可以处以罚款。用人单位违反《劳动法》规定的条件解除劳动合同的，由劳动行政部门责令改正；对劳动者造成损害的，应当承担赔偿责任。道路运输企业违反《劳动法》，低于当地最低工资标准支付驾驶员工资、无正当理由辞退驾驶员后未按规定给予经济补偿、未向驾驶员提供必要的劳动防护用品等行为，都要承担法律责任。

二 货运驾驶员劳动合同订立

《劳动法》规定，劳动合同是劳动者与用人单位确立劳动关系、明确双方权利和义务的协议。建立劳动关系应当订立劳动合同。订立和变更劳动合同，应当遵循平等自愿、协商一致的原则，不得违反法律、行政法规的规定。劳动合同依法订立即具有法律约束力，当事人必须履行劳动合同规定的义务。违反法律、行政法规的劳动合同，采取欺诈、威胁等手段订立的劳动合同，都是无效劳动合同。用人单位与劳动者发生劳动争议，当事人可以依法申请调解、仲裁、提起诉讼，也可以协商解决。货运驾驶员与道路运输企业建立劳动关系时，应当订立劳动合同。订立合同，应当遵循平等自愿、协商一致的原则，不得违反法律、行政法规的规定。如果在驾驶员的劳动合同中有“发生交通事故，个人承担责任”的条款，是无效合同。劳动合同依法订立后，货运驾驶员必须履行劳动合同规定的义务。货运驾驶员与道路运输企业发生劳动争议时，应该依法申请调解、仲裁、提起诉讼或协商解决。

1. 劳动合同的订立与变更

《劳动合同法》规定，用人单位招用劳动者，不得扣押劳动者的居民身份证和其他证件，不得要求劳动者提供担保或者以其他名义向劳动者收取财物。如果驾驶员去某道路运输企业应聘，企业要求上交居民身份证，待入职之日归还，或者企业要求收取入职培训费，这些都是违反《劳动合同法》的行为。用人单位与劳动者在用工前订立劳动合同的，劳动关系自用工之日起建立。

劳动合同应当具备以下条款：

（1）用人单位的名称、住所和法定代表人或者主要负责人；

（2）劳动者的姓名、住址和居民身份证或者其他有效身份证件号码；

（3）劳动合同期限；

（4）工作内容和工作地点；

（5）工作时间和休息休假；

（6）劳动报酬；

（7）社会保险；

（8）劳动保护、劳动条件和职业危害防护。

用人单位与劳动者协商一致，可以变更劳动合同约定的内容。变更劳动合同，应当采用书面形式。

2. 劳动合同的解除和终止

《劳动法》规定，劳动者解除劳动合同，应当提前30日以书面形式通知用人单位。一般情况下，货运驾驶员解除劳动合同时应该提前30日以书面形式通知道路运输企业。

《劳动合同法》规定，用人单位有下列情形之一的，劳动者可以解除劳动合同：

（1）未按照劳动合同约定提供劳动保护或者劳动条件的；

（2）未及时足额支付劳动报酬的；

（3）未依法为劳动者缴纳社会保险费的；

（4）用人单位的规章制度违反法律、法规的规定，损害劳动者权益的。

货运驾驶员遇到运输企业未按劳动合同约定提供劳动保护、未及时足额支付劳动报酬、未依法为驾驶员缴纳社会保险费、规章制度违反法律法规损害驾驶员权益等情况，可以依法解除劳动合同。

《劳动法》规定，劳动者患职业病或者因工负伤并被确认丧失或者部分丧失劳动能力、患病或者负伤，在规定的医疗期内、女职工在孕期、产期、哺乳期内的情形，用人单位不得解除劳动合同。道路运输企业不能因驾驶员因工负伤被确认部分丧失劳动能力、驾驶员患病在规定的医疗期内，解除与道路货物运输驾驶员的劳动合同。

《劳动合同法》规定，有下列情形之一的，劳动合同终止：

（1）劳动合同期满的；

（2）劳动者开始依法享受基本养老保险待遇的；

（3）劳动者死亡，或者被人民法院宣告死亡或者宣告失踪的；

（4）用人单位被依法宣告破产的；

（5）用人单位被吊销营业执照、责令关闭、撤销或者用人单位决定提前解散的；

（6）法律、行政法规规定的其他情形。

货运驾驶员劳动合同期满、依法享受基本养老保险待遇，或者企业被依法宣告破产、被吊销营业执照、责令关闭、撤销等情况的，劳动合同依法终止。

三 货运驾驶员反恐防范与应对

《反恐怖主义法》规定，反恐怖主义

工作应当依法进行，尊重和保障人权，维护公民和组织的合法权益。任何单位和个人都有协助、配合有关部门开展反恐怖主义工作的义务，发现恐怖活动嫌疑或者恐怖活动嫌疑人员的，应当及时向公安机关或者有关部门报告。货运驾驶员应当依法履行协助、配合有关部门开展反恐怖主义工作的义务。

1. 安全防范

铁路、公路、水上、航空的货运和邮政、快递等物流运营单位应当实行安全查验制度，对客户身份进行查验，依照规定对运输、寄递物品进行安全检查或者开封验视。道路货物运输企业应该实行安全查验制度，对客户身份进行查验，依照规定对货物进行安全检查或者开封验视。

2. 应对处置

《反恐怖主义法》规定，应对处置恐怖事件，应当优先保护直接受到恐怖活动危害、威胁人员的人身安全。货运驾驶员遇到恐怖事件的做法是保持冷静、安全第一，小心谨慎、仔细应对，见机行事、及时报警，做好记录、保护现场。记住恐怖分子的显著特征，找机会发出求援信息，时刻做好防范准备。报警时，应提供受困人员详细信息、恐怖分子详细信息，可依靠的有利条件。

四 道路货物运输经营与超限运输

根据《道路运输条例》的规定，从事道路运输经营以及道路运输相关业务，应当依法经营，诚实信用，公平竞争。国家鼓励道路运输企业实行规模化、集约化经营。任何单位和个人不得封锁或者垄断道路运输市场。违反《道路运输条例》规定的处罚方式有罚款、没收违法所得，吊销许可证件。

1. 道路货物运输经营

申请从事货运经营的，应当具备下列条件：

（1）有与其经营业务相适应并经检测合格的车辆；

（2）有符合《道路运输条例》规定条件的驾驶员；

（3）有健全的安全生产管理制度。

货运经营者不得运输法律、行政法规禁止运输的货物。法律、行政法规规定必须办理有关手续后方可运输的货物，货运经营者应当查验有关手续，保证手续合格齐全。国家鼓励货运经营者实行封闭式运输，保证环境卫生和货物运输安全。货运驾驶员应当遵守道路运输操作规程，不得违章作业。道路货物运输车辆（以下简称货运车辆）运输的货物应当符合核定的载质量，严禁超载；载物的长、宽、高不得违反装载要求。货运驾驶员应拒绝运输法律、行政法规禁止运输的货物，不得运输法律法规禁止运输的货物、存在重大安全隐患的货物、客户拒绝安全查验的货物。遇到法律、行政法规规定必须办理有关手续后方可运输的货物时，应该查验有关手续后运输。

货运经营者应当加强对车辆的维护和检测，确保车辆符合国家规定的技术标准；不得使用报废的、擅自改装的和其他不符合国家规定的车辆从事道路运输经营。

货运经营者应当制定有关交通事故、自然灾害以及其他突发事件的道路运输应急预案。应急预案应当包括报告程序、应急指挥、应急车辆和设备的储备以及处置措施等内容。货运驾驶员应阅读并熟知企业的《应急预案》和《应急演练组织办法》。发生交通事故、自然灾害以及其他突发事件时，货运经营者应当服从县级以上人民政府或者有关部门的统一调度、指挥。

2. 国际道路货物运输

申请从事国际道路货物运输经营的，应当具备下列条件：

（1）依照本条例规定取得道路运输经营许可证的企业法人；

（2）在国内从事道路运输经营满3年，且未发生重大以上道路交通责任事故。

3. 超限货物公路运输

《公路安全保护条例》规定，运输不可解体物品需要改装车辆的，应当由具有相应资质的车辆生产企业按照规定的车型和技术参数进行改装。超过公路、公路桥梁、公路隧道限载、限高、限宽、限长标准的车辆，不得在公路、公路桥梁或者公路隧道行驶。车辆载运不可解体物品，车货总体的外廓尺寸或者总质量超过公路、公路桥梁、公路隧道的限载、限高、限宽、限长标准，确需在公路、公路桥梁、公路隧道行驶的，从事运输的单位和个人应当向公路管理机构申请公路超限运输许可。

公路管理机构批准超限运输申请的，应当为超限运输车辆配发国务院交通运输主管部门规定式样的超限运输车辆通行证。经批准进行超限运输的车辆，应当随车携带超限运输车辆通行证，按照指定的时间、路线和速度行驶，并悬挂明显标志。

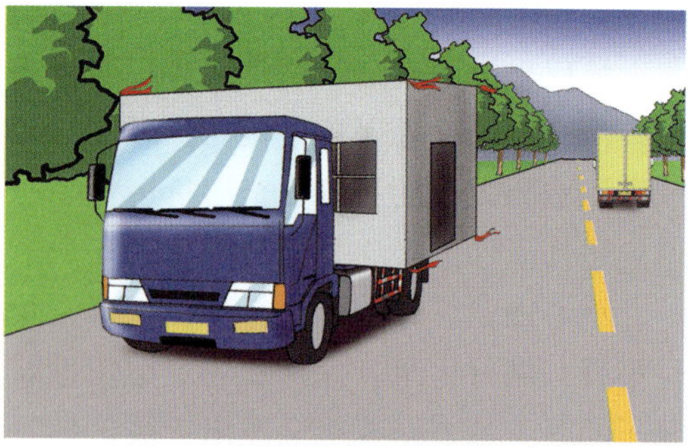

运输车辆应当按照超限检测指示标志或者公路管理机构监督检查人员的指挥接受超限检测，不得故意堵塞固定超限检测

站点通行车道、强行通过固定超限检测站点或者以其他方式扰乱超限检测秩序，不得采取短途驳载等方式逃避超限检测。

对1年内违法超限运输超过3次的货运车辆，由道路运输管理机构吊销其车辆营运证；对1年内违法超限运输超过3次的货运车辆驾驶员，由道路运输管理机构责令其停止从事营业性运输。对未随车携带超限运输车辆通行证的，由公路管理机构扣留车辆，责令车辆驾驶员提供超限运输车辆通行证或者相应的证明。使用伪造、变造的超限运输车辆通行证的，由公路管理机构没收伪造、变造的超限运输车辆通行证，并处3万元以下的罚款。

4. 易掉落、遗洒或者飘散货物公路运输

《公路安全保护条例》规定，运输车辆装载物易掉落、遗洒或者飘散的，应当采取厢式密闭等有效防护措施方可在公路上行驶。公路上行驶车辆的装载物掉落、遗洒或者飘散的，车辆驾驶员、押运人员应当及时采取措施处理；无法处理的，应当在掉落、遗洒或者飘散物来车方向适当距离外设置警示标志，并迅速报告公路管理机构或者公安机关交通管理部门。

第二节 道路货物运输从业相关规定

道路货物运输从业的相关规定有《道路运输车辆技术管理规定》《道路货物运输及站场管理规定》《道路危险货物运输管理规定》《超限运输车辆行驶公路管理

规定》《道路运输从业人员管理规定》等，这些规定对道路运输车辆技术条件、货物运输、超限运输、从业人员等都作出了明确的规定，货运驾驶员应该熟知规定的相关内容。

一 道路运输车辆基本技术条件

根据《道路运输车辆技术管理规定》，从事道路运输经营的货物运输车辆的外廓尺寸、轴荷和最大允许总质量应当符合《汽车、挂车及汽车列车外廓尺寸、轴荷及质量限值》（GB 1589）的要求。国际道路运输车辆，技术等级应当达到一级。

1. 道路运输车辆技术档案管理

根据《道路运输车辆技术管理规定》，道路运输经营者应当建立车辆技术档案制度，实行一车一档。档案内容应当主要包括：车辆基本信息，车辆技术等级评定、车辆维护和修理、车辆主要零部件更换、车辆变更、行驶里程、对车辆造成损伤的交通事故等记录。车辆所有权转移、转籍时，车辆技术档案应当随车移交。

2. 道路运输车辆维护要求与车辆检测

根据《道路运输车辆技术管理规定》，车辆维护分为日常维护、一级维护和二级维护。日常维护由驾驶员实施，一级维护和二级维护由道路运输经营者组织实施。道路运输经营者可以对自有车辆进行二级维护作业，保证投入运营的车辆符合技术管理要求，无须进行二级维护竣工质量检测。货运车辆的技术等级应该达到二级以上。道路运输经营者应当结合车辆类别、车辆运行状况、行驶里程、道路条件、使用年限等因素，自行确定车辆维护周期，确保车辆正常维护。

根据《道路运输车辆技术管理规定》，道路普通货物运输车辆取得《道路运输证》，自首次经国家机动车辆注册登记主管部门登记注册的，每12个月进行1次检测和评定。货运驾驶员不得擅自改变已获得道路运输证车辆的结构和特征。

3. 道路运输经营者违规处罚

道路运输经营者违反《道路运输车辆技术管理规定》，有下列行为之一的，县级以上道路运输管理机构应当责令改正，给予警告；情节严重的，处以1000元以上5000元以下罚款：

（1）道路运输车辆技术状况未达到《道路运输车辆综合性能要求和检验方法》（GB 18565）的；

（2）使用报废、擅自改装、拼装、检测不合格以及其他不符合国家规定的车辆从事道路运输经营活动的；

（3）未按照规定的周期和频次进行车辆综合性能检测和技术等级评定的；

（4）未建立道路运输车辆技术档案或者档案不符合规定的；

（5）未做好车辆维护记录的。

二 道路货物专用运输

根据《道路货物运输及站场管理规定》，道路货物专用运输，是指使用集装箱、冷藏保鲜设备、罐式容器等专用车辆进行的货物运输。

1. 超限货物运输车辆

根据《超限运输车辆行驶公路管理规定》，超限运输车辆，是指有下列情形之一的货物运输车辆：

（1）车货总高度从地面算起超过4米；

（2）车货总宽度超过2.55米；

（3）车货总长度超过18.1米。

根据《超限运输车辆行驶公路管理规定》，需要采取加固、改造措施的，承运人应当按照规定要求采取有效的加固、改造措施。同一大件运输车辆短期内多次通行固定路线，装载方式、装载物品相同，且不需要采取加固、改造措施的，承运人可以根据运输计划向公路管理机构申请办理行驶期限不超过6个月的《超限运输车辆通行证》。运输计划发生变化的，需按原许可机关的有关规定办理变更手续。

经批准进行大件运输的车辆，行驶时应当遵守下列规定：

（1）采取有效措施固定货物，按照有关要求在车辆上悬挂明显标志，保证运输安全；

（2）按照指定的时间、路线和速度行驶；

（3）车货总质量超限的车辆通行公路桥梁，应当匀速居中行驶，避免在桥上制动、变速或者停驶；

（4）需要在公路上临时停车的，除遵守有关道路交通安全规定外，还应当在车辆周边设置警告标志，并采取相应的安全防范措施；需要较长时间停车或者遇有恶劣天气的，应当驶离公路，就近选择安全区域停靠。大件运输车辆及装载物品的有关情况应当与《超限运输车辆通行证》记载的内容一致。

2. 违法运输处罚

根据《超限运输车辆行驶公路管理规定》，大件运输车辆有下列情形之一的，视为违法超限运输：

（1）未经许可擅自行驶公路的；

（2）车辆及装载物品的有关情况与《超限运输车辆通行证》记载的内容不一致的；

（3）未按许可的时间、路线、速度行驶公路的；

（4）未按许可的护送方案采取护送措施的。

承运人隐瞒有关情况或者提供虚假材料申请公路超限运输许可的，除依法给予处理外，并在1年内不准申请公路超限运输许可。

根据《道路危险货物运输管理规定》，未取得危险货物道路运输许可，擅自从事危险货物道路运输的，由县级以上道路运输管理机构责令停止运输经营，有违法所得的，没收违法所得，处违法所得2倍以上10倍以下的罚款；没有违法所得或者违法所得不足2万元的，处3万元以上10万元以下的罚款；构成犯罪的，依法追究刑事责任。

三 货运驾驶员从业资格管理

根据《道路运输从业人员管理规定》，道路运输从业人员应当依法经营，诚实信用，规范操作，文明从业。

1. 道路货物运输经营要求

根据《道路货物运输及站场管理规定》，道路货物运输经营者应当对从业人员进行经常性的安全教育、职业道德教育和业务知识、操作规程培训。要求其聘用的车辆驾驶员随车携带按照规定要求取得的道路运输证；按照规定驾驶与其从业资格类别相符的车辆；在从事道路运输活动时，应当携带相应的从业资格证件；从事大型物件运输的车辆，应当按照规定装置统一的标志和悬挂标志旗；夜间行驶和停车休息时应当设置标志灯。严禁驾驶货运车辆从事经营性道路旅客运输活动。

根据《道路危险货物运输管理规定》，未取得危险货物道路运输许可的，不得从事危险货物道路运输。从事危险货物道路运输的驾驶员应当经所在地设区的市级人民政府交通运输主管部门考试合格，并取得相应的从业资格证。驾驶员上岗时应当随身携带从业资格证。

不得将危险货物与普通货物混装运输。

2. 道路运输从业人员条件

货运驾驶员必须取得相应从业资格，方可从事相应的道路运输活动。货运驾驶员应当符合下列条件：取得相应的机动车驾驶证；年龄不超过60周岁；掌握相关道路货物运输法规、机动车维修和货物装载保管基本知识；取得相应的从业资格证件。

危险货物道路运输以外的道路货物运输驾驶员经机动车驾驶员培训机构按照《道路货物运输驾驶员培训教学大纲》进行培训，并结业考核合格，凭《机动车驾驶员培训结业证书》和机动车驾驶证申领道路货物运输驾驶员从业资格证。

设区的市级交通运输主管部门根据驾驶员提供的《机动车驾驶员培训结业证书》和相应车型的机动车驾驶证，经登记并与驾驶培训监管服务平台或互联网道路运输便民政务服务系统信息比对核实后，颁发道路货物运输驾驶员从业资格证件，并将相应材料存入道路运输从业人员从业资格管理档案。

根据《道路运输从业人员管理规定》，经营性道路货物运输从业人员应当在从业资格证件许可的范围内从事道路运输活动。

3. 道路运输从业资格证

根据《道路运输从业人员管理规定》，道路运输从业人员从业资格证件有效期为6年。道路运输从业人员应当在从业资格证件有效期届满30日前到原发证机关办理换证手续。道路运输从业人员从业资格证件遗失、毁损的，应当到原发证机关办理证件补发手续。道路运输从业人员服务单位变更的，应当到交通运输主管部门或者道路运输管理机构办理从业资格证件变更手续。

申请人违反相关从业资格管理规定且尚未接受处罚的，受理机关应当在其接受处罚后换发、补发、变更相应的从业资格证件。

道路运输从业人员有下列情形之一的，由发证机关注销其从业资格证件：

（1）持证人死亡的；

（2）持证人申请注销的；

（3）经营性道路客货运输驾驶员、危险货物道路运输从业人员年龄超过60周岁的；

（4）经营性道路客货运输驾驶员、危险货物道路运输驾驶员的机动车驾驶证被注销或者被吊销的；

（5）超过从业资格证件有效期180日未申请换证的。

货运驾驶员出现超过从业人员年龄限制、申请注销、不按规定换证的情况时，发证机关都将依法注销其从业资格证。

交通运输主管部门应当将经营性道路货物运输从业人员的违章行为记录在《中华人民共和国道路运输从业人员从业资格证》的违章记录栏内。发证机关应当将该记录作为道路运输从业人员诚信考核和计分考核的依据，并存入管理档案。道路运输从业人员诚信考核和计分考核周期为12个月，从初次领取从业资格证件之日起计算。

4. 货运驾驶员诚信考核和继续教育

《关于印发道路运输驾驶员诚信考核办法（试行）的通知》规定，道路运输驾驶员诚信考核内容包括：

（1）安全生产情况，即安全生产责任事故情况；

（2）遵守法规情况，即违反道路运输相关法律、行政法规、规章的有关情况；

（3）服务质量情况，即服务质量事件和有责投诉的有关情况。

道路运输驾驶员诚信考核分为优良、合格、基本合格和不合格，分别用AAA级、AA级、A级、B级表示。

道路运输驾驶员有下列情形之一的，道路运输管理机构应当将其列入黑名单，并向社会公告：

（1）在考核周期内累计计分达到20分，且未按照规定参加继续教育培训的；

（2）无正当理由超过规定时间，未签注诚信考核等级的；

（3）从业资格证件被吊销的。

道路运输经营者应当加强对诚信考核等级为B级的道路运输驾驶员的教育和管理。对存在重大安全隐患的驾驶员，应当及时将其调离驾驶员工作岗位。

根据《道路运输驾驶员继续教育办法》规定，道路运输驾驶员继续教育周期为2年。道路运输驾驶员在每个周期接受继续教育的时间累计不少于24学时。继续教育培训内容包括道路运输相关政策法规、职业道德和安全业务知识。

5. 道路运输违规行为处罚

经营性道路货物运输驾驶员违反《道路运输从业人员管理规定》，有下列不具备安全条件情形之一的，由发证机关撤销其从业资格证件：

（1）身体健康状况不符合有关机动车驾驶和相关从业要求且没有主动申请注销从业资格的；

（2）发生重大以上交通事故，且负主要责任的；

（3）发现重大事故隐患，不立即采取消除措施，继续作业的。

第二章 道路货物运输车辆基本知识

货运车辆是道路运输的必备运载工具，其能否可靠运行，直接影响着道路货物运输的安全与效率。货运驾驶员要了解货运车辆的基本知识，包括非法改装知识、安全防护装置知识和轮胎的使用及更换知识。

第一节 道路货物运输车辆安全技术要求

一 货运车辆非法改装知识

非法改装道路运输车辆，会破坏车辆本身的结构和性能，给车辆行驶带来安全隐患，同时会造成道路运输市场的不公平竞争，不利于道路运输市场健康协调发展，危害很大。《关于进一步加强道路运输车辆改装管理工作的通知》规定，非法改装道路运输车辆，是指未经有关部门批准，擅自改变已获得《道路运输证》车辆结构、构造或者特征的车辆。主要包括：

（1）擅自改变车辆类型或用途。指擅自将客车改为货车、货车改为客车、普通货车改为专用货车、专用货车改为普通货车、卧铺客车改为座位客车、座位客车改为卧铺客车。

（2）擅自改变车辆颜色。指擅自将驾驶室和车身改为与原车辆不同的外观颜色。

（3）擅自改变车辆外廓尺寸或者承载限值。指擅自加高、加宽、加长、拆除货厢拦板或者增加车辆外廓尺寸；擅自增加或者减少轮胎数量；擅自增加或者减少车轴数量；擅自增加客车座位或者卧铺铺位。

二 货运车辆安全防护装置知识

道路货物运输车辆的安全带应可靠有效，安装位置应合理，固定点有足够的强度。车外后视镜和前下视镜易于调整，并能有效保持调整后的位置。驾驶室内风窗玻璃处，设置防止阳光直射而使驾驶员产生炫目的装置，且该装置在汽车发生碰撞

时，不会对驾驶员造成伤害。所有车窗玻璃，不得张贴镜面反光太阳膜。

道路货物运输车辆必须装备的安全防护装置有三角警告牌、灭火器，灭火器在车上应安装牢靠并便于取用。

货车和挂车后部、侧面应设有符合要求的车身反光标识，后部的车身反光标识能体现车后部的高度和宽度。

总质量大于7500千克的平头货车，应在车前至少设置一面前视镜或相应的监视装置。

总质量大于3500千克的货车（半挂牵引车除外）和挂车应提供防止人员卷入的侧面防护。货车列车的货车和挂车之间应提供防止人员卷入的侧面防护。侧面防护装置不可增加车辆的总宽。总质量大于3500千克的货车（半挂牵引车除外）和挂车（长货挂车除外）的后下部应装备符合规定的后下部防护装置，该装置对追尾碰撞的机动车应有足够的阻挡能力，以防止发生钻入碰撞。后下部防护装置的宽度不可大于车辆后轴两侧车轮最外点之间的距离（不包括轮胎的变形量），其下边缘离地高度不可影响车辆的通行能力。

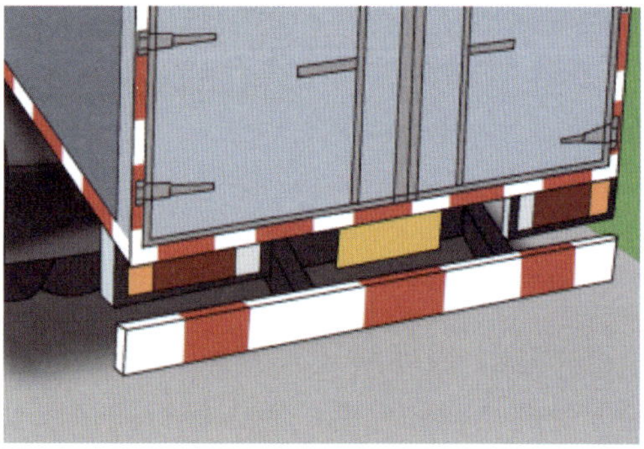

载货汽车车箱前部应安装比驾驶室高70~100毫米的安全架（自卸车、载质量1000千克以下的载货汽车除外）。

在寒冷地区营运的车辆的前风窗玻璃应装有除雾、除霜装置。燃油箱及燃油管路应坚固牢靠，不致因振动和冲击而发生损坏和漏油现象；车厢内不允许装设燃油供给系统；燃油箱的加油口及通气口应保证在车辆晃动时不漏油。

第二节 轮胎的合理使用及更换

轮胎是车辆行驶系的主要部件，其性能的优劣，直接影响车辆的牵引性、通过性、制动性、稳定性和舒适性。合理使用轮胎，延长轮胎的使用寿命，可以降低成本和保证车辆正常运行。

一 影响轮胎使用寿命的因素

影响轮胎使用寿命的因素有轮胎气压、车辆装载、驾驶技术等。轮胎气压过高、前轮定位失准、严重超载或偏载、轮毂变形等，都会使轮胎磨损加剧，影响轮胎的使用寿命。

1. 轮胎气压

轮胎气压处于标准胎压时，轮胎使用寿命更长。轮胎气压过高，会使轮胎的胎冠磨损加剧，导致轮胎刚性增大。轮胎气压过低，会加剧轮胎的胎冠两侧磨损，导致胎面接地面积变大。对于双胎并装的车轮，双胎中一个轮胎气压过低，还会对另一个轮胎造成影响。

2. 车辆装载

货运车辆装载负荷大于轮胎的额定负荷时，会影响轮胎使用寿命和行车安全。车辆严重超载，会加剧轮胎磨损，轮胎容易龟裂、爆胎。

3. 驾驶技术

轮胎的使用寿命与驾驶员的驾驶技术有很大关系。起步平稳、平缓制动的驾驶操作能延长轮胎的使用寿命。合理控制车速，既能让轮胎的使用寿命更长，又能节约燃料。汽车的轮胎使用速度要与最高设计车速相适应，高速行驶会使胎温急剧升高，胎体刚性增大，导致胎面磨损增加。车辆行驶速度过快时，轮胎在路面上会产生滑移，导致轮胎磨损加剧。

二 轮胎的正确使用方法

车辆轮胎的正确使用方法有合理搭配轮胎、保持气压正常、防止超载偏载、轮胎更换与换位。

1. 合理搭配轮胎

轮胎搭配使用时，同轴不混装新胎和旧胎、同轴不混装高压胎和低压胎、同轴不混装子午线轮胎和斜交轮胎。同一车轴上装用的轮胎必须搭配合理，做到同厂牌、同规格、同花纹、同气压标准。一般情况下，新旧轮胎搭配时，各轮胎花纹磨损程度相差不超过3毫米。同一车轴上高压胎与低压胎、新胎与旧胎不得混装。子午线轮胎有缓冲性能好、油耗比较低的特点，子午线轮胎和斜交轮胎不得混装。

选择轮胎时应综合考虑汽车的技术要求、承载和设计速度等指标。经常高速行驶的汽车不宜选用加深花纹和横向花纹的轮胎。经常低速行驶的汽车宜选用加深花纹或超深花纹的轮胎。不同制造厂的轮辋、新旧轮辋、挡圈和锁圈不得混装。经常在山区道路行驶的车辆应选择耐磨、稳定性好、散热好的轮胎。

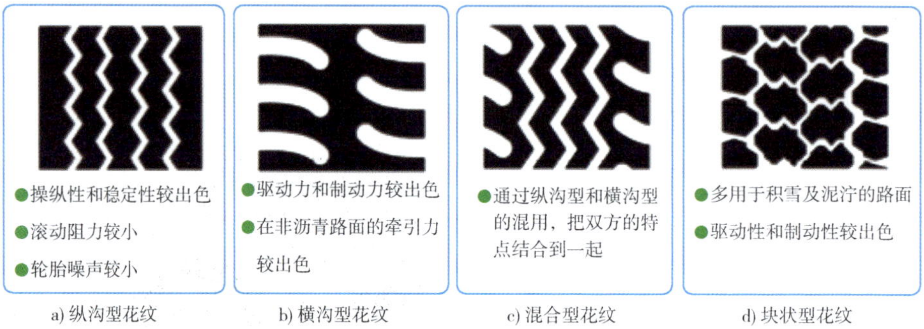

a) 纵沟型花纹　b) 横沟型花纹　c) 混合型花纹　d) 块状型花纹

2. 保持轮胎气压正常

经常对轮胎气压进行检查和补气，保持正常的轮胎气压，是合理使用轮胎和延长轮胎使用寿命的有效措施。

3. 防止超载、偏载

汽车载货必须严格遵守额定的载质量，不得超载，避免超出轮胎的额定载荷。

4. 轮胎更换与换位

货运车辆轮胎出现胎侧被扎、胎侧鼓包、胎面受损露出帘布层、轮胎气门嘴漏气、转向轮轮胎花纹深度低于3.2毫米、后轮轮胎花纹深度低于1.6毫米等情况时，需要更换轮胎。换用新胎时，要经过动平衡测试，调整合格后方可使用。汽车前轴换新胎时，要成双更换。

轮胎换位的目的是使轮胎磨损趋于均衡、延长轮胎的使用寿命、防止轮胎不正常磨损、提高行车的安全系数。常用的轮胎换位法包括交叉换位法、循环换位法、单边换位法等。

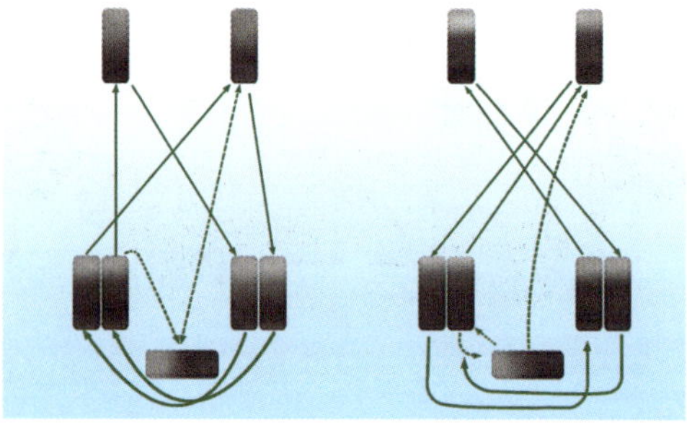

三 轮胎的合理更换

（1）用气压表检查后轮外侧轮胎气压后，读出气压值；

（2）在其余前后轮下加止动块；

（3）使用专用工具卸下备胎，用气压表检查备胎气压后，读出气压值；

（4）按顺序旋松后轮胎螺母；

（5）用千斤顶顶在后桥规定的位置将后轮支起；

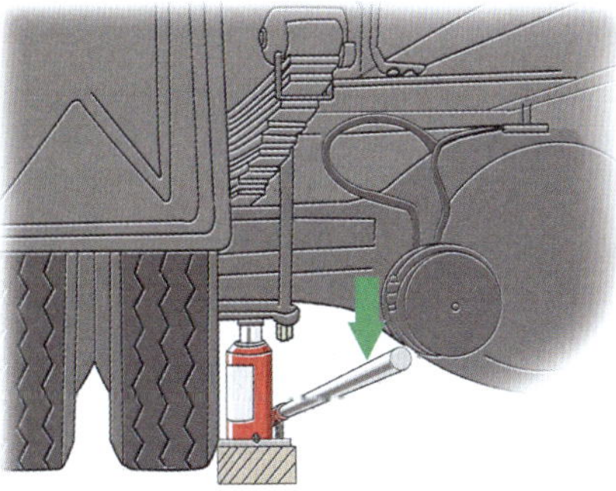

（6）按顺序将轮胎螺母松掉后，卸下轮胎（操作时可用撬棒上抬轮胎进行辅助操作）；

（7）安装备胎，两轮轮辋通风口应对准，两胎气门嘴应对称排列，按180度分开；

（8）旋上后轮胎螺母，按对角顺序预紧固轮胎螺母，使螺母的锥形端面与螺栓孔的锥形端面紧密配合；

（9）放下千斤顶后，逐一将轮胎螺母再紧固一遍，使旋紧力矩达到规定数值，增加紧固力度；

（10）将换下的轮胎安装到备胎支架上，将工具放回原位。

第三节 道路货物运输车辆安全检视

一 安全检视的内容

货运车辆安全检视包括车辆外观检查、发动机舱检查、驾驶室内部检查。

1.车辆外观检查

（1）轮胎气压及磨损、轮胎紧固件；

（2）转向横直拉杆；

（3）前桥、后桥、车架、悬架、U形螺栓、传动轴及万向节；

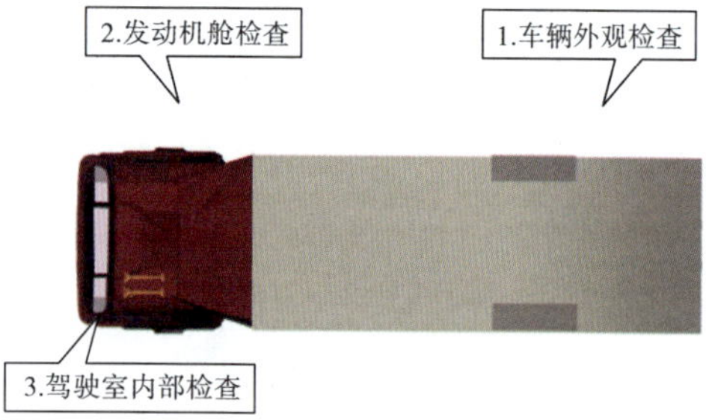

（4）储气筒、制动管路；风窗玻璃、车灯和反光标志、外后视镜、燃油箱、蓄电池、备胎、号牌；

（5）驾驶室翻转机构、车厢栏板、后下部防护装置、侧防护装置、牵引车与挂车连接装置。

2. 发动机舱检查

（1）润滑油、冷却液、风窗清洗液、制动液、转向助力油、管路；

（2）传动皮带、高低压线路。

3. 驾驶室内部检查

（1）仪表、转向盘自由行程、驻车制动器、变速器操纵装置、缓速器操纵装置；

（2）离合器踏板、制动踏板、加速踏板行程；

（3）安全带、内后视镜等安全设施及装置；车门、车内灯。

检查要求和标准一览表

检查部位	检查内容	要求和标准
车辆外观	轮胎	气压标准、无夹石、无破裂、螺丝无松动
	转向横直拉杆	无松脱、无损坏
	前桥	无断裂
	后桥	驱动桥壳温度正常、无漏油
	车架	无裂痕、无断裂
	悬架	完好、无松脱，钢板弹簧无断裂、扰度正常
	U型螺栓	无松动
	传动轴	螺栓无松动
	万向节	螺栓无松动
	储气筒	完好、无漏气
	制动管路	无漏气
	风窗玻璃	完好、清晰、无裂痕
	车灯	齐全、有效、无损坏
	反光标志	齐全、完好
	外后视镜	完好、调整得当
	燃油箱	完好、无渗漏
	蓄电池	清洁、无漏液、连接牢固
	备胎	齐全、无松动
	号牌	完整、有效、清晰
	驾驶室翻转机构	链接牢固、翻转灵活、无卡滞
	车厢栏板	完好
	后下部防护装置	完好、无断裂
	侧防护装置	完好、无断裂
	牵引车与挂车链接装置	齐全、完好、链接牢固

续上表

检查部位	检查内容	要求和标准
发动机舱	润滑油	正常、色清、无杂质
	冷却液	充足、无漏水
	风窗清洗液	充足、无漏液
	制动液	充足、无漏液
	转向助力油	无漏液
	管路	无漏气、无漏油
	传动皮带	无起皮、无脱落、无破损
	高低压线	无松脱、无破损
驾驶室内部	仪表	齐全、有效
	转向盘自由行程	最大自由转动量不大于10度
	驻车制动器	完好、可靠
	变速器操纵装置	完好、无卡滞
	缓速器操纵装置	完好、有效
	离合器踏板	完好、无卡滞
	制动踏板	完好、无卡滞
	加速踏板	完好、无卡滞
	安全带	完好、有效
	内后视镜	完好、调整得当
	车门	齐全、灵活、可靠
	车内灯	齐全、有效

二 行车中、收车后车辆安全检视方法

货运驾驶员要按照安全驾驶的内容、方法、要求和标准做好出车前、行车中、收车后的车辆检查。出车前，重点检查车辆的技术状况、安全部位和货物装载等情况，发现安全隐患及时排除。运输途中，要经常检查货物捆扎、堆垛、偏载情况，防止货物丢失。运输中停车休息时，要检查车辆有无漏油、漏水、漏气现象，胎压是否正常，胎面有无异物，发动机、制动鼓有无过热现象。收车后，要检查车辆、清洁车辆、记录车辆行驶情况。安装有卫星定位系统车载终端设备、行车记录设备、视频监控设备等的，确认设备齐全、工作正常。

第三章 道路货物运输车辆使用技术

道路货物运输车辆是道路货物运输的必备运载工具，能否可靠运行，直接影响着道路货物运输的安全与效率。货运驾驶员要了解汽车维护与检测的基本知识，发动机、底盘、电气设备常见故障，节能与环保技术，汽车新技术应用等。

第一节 汽车维护与检测基本知识

汽车维护制度，是保障汽车运行安全的基本制度。为了保证道路运输车辆完好的技术状况和工作能力，必须按期对道路运输车辆进行维护作业。汽车维护的方针是“安全第一，预防为主”。

一 汽车维护的分类及作业内容

道路运输车辆的维护分为日常维护、一级维护和二级维护。日常维护是由驾驶员在每日出车前、行车中和收车后负责执行的车辆维护作业。一级维护和二级维护是由维修企业负责按期进行的车辆维护作业。

1. 日常维护

道路运输车辆日常维护作业的中心内容是清洁、补给和安全检视。每天出车前，货运驾驶员要检查汽车各部油液、各安全部位和装置运转情况、轮胎气压，对制动、转向、传动、灯光等部位进行检查、调整和紧固，补足胎压、剔除胎纹间的杂物，确保行车安全。行车中临时停车休息时，要对车辆进行安全检视，检查轮胎气压、花纹间有无夹石，仪表灯光，轮毂温度等。收车后，需要对车辆进行检查、清洁，记录一天的车辆行驶情况。

2. 一级维护

道路运输车辆一级维护作业中心内容是清洁、润滑、紧固，并检查有关制动、操纵等安全部件。

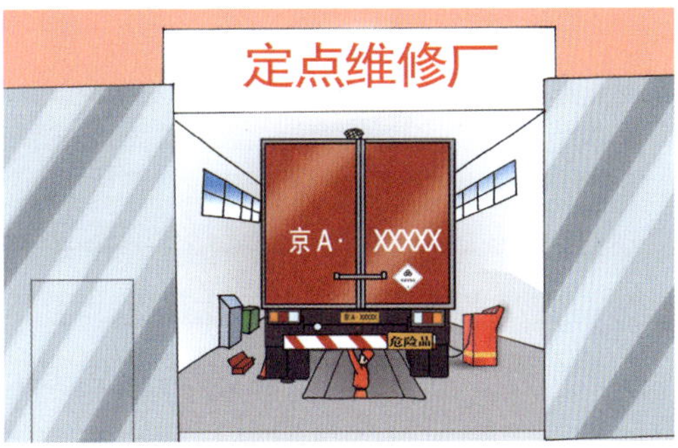

3. 二级维护

道路运输车辆二级维护作业中心内容是以检查和调整转向节、转向摇臂、制动蹄摩擦片、悬架等经过一定时间的使用容易磨损或变形的安全部件为主，并拆检轮胎，进行轮胎换位，进行轮胎换位的目的是使轮胎磨损趋于均衡，延长轮胎的使用寿命，防止轮胎不正常磨损，提高行车的安全系数。

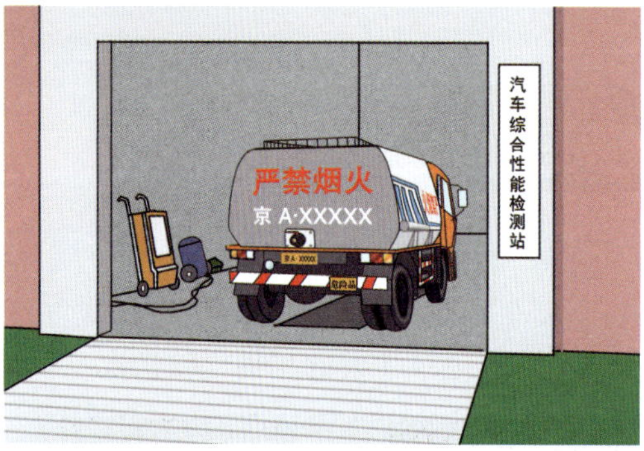

4. 换季维护

道路运输车辆的换季维护，是根据季节变化对道路运输车辆进行的维护。夏季维护的主要内容是更换老化的刮水器片，及时清洁或更换空调滤芯，检查散热装置，检查蓄电池。冬季维护的主要内容是经常在严寒地区行驶的车辆要更换雪地轮胎，清理或更换机油滤清器、空气滤清器和汽（柴）油滤清器，添加蓄电池电解液、玻璃清洗液。

二 道路运输车辆综合性能及检测要求

为了减少因车辆技术性能不良造成的交通事故和污染，提高道路运输车辆运行的安全性和可靠性，国家提出了道路运输车辆综合性能与检测要求，规定了道路运输车辆整车及发动机、转向系、制动系、行驶系、传动系、车身安全防护装置、照明、信号装置，其他电气设备和环保等有关运行安全和排污、噪声控制的技术要求。

1. 发动机技术要求

道路运输车辆发动机动力性能良好，运转平稳，怠速稳定。在发动机运转及停机时，所有连接部位均不应有明显的渗漏现象。柴油发动机停机装置必须灵活有效。

2. 转向系技术要求

道路运输车辆的转向盘转动灵活，操纵方便，无阻滞现象。转向轮转向后应能自动回正，以使车辆具有稳定的直线行驶能力。汽车在平坦、硬实、干燥和清洁的道路上行驶不跑偏、转向盘无摆振、不灵等异常现象。

3. 制动系技术要求

道路运输车辆的行车制动必须保证驾驶员在驾驶过程中，能控制汽车安全、有效地减速和停车。采用真空助力的行车制动系，当真空助力器失效后，可连续踩制动踏板制动，制动系仍能保持规定的应急制动性能。汽车行驶过程中，各车轮不允许有自行制动现象。

4. 行驶系技术要求

道路运输车辆的行驶系一般由车架、

车桥、车轮和悬架等组成。悬架一般由弹性元件、导向机构、减振器组成，独立悬架有减少不平路面上车架和车身的振动、提高汽车的平均行驶速度、提高行驶稳定性和平顺性的特点。同一轴上的轮胎规格和花纹应相同，轮胎规格应符合整车制造厂的出厂规定。乘用车、挂车轮胎胎冠上花纹的深度应不小于1.6毫米。汽车装用的轮胎应与最高设计车速相适应。转向轮不得使用翻新轮胎。

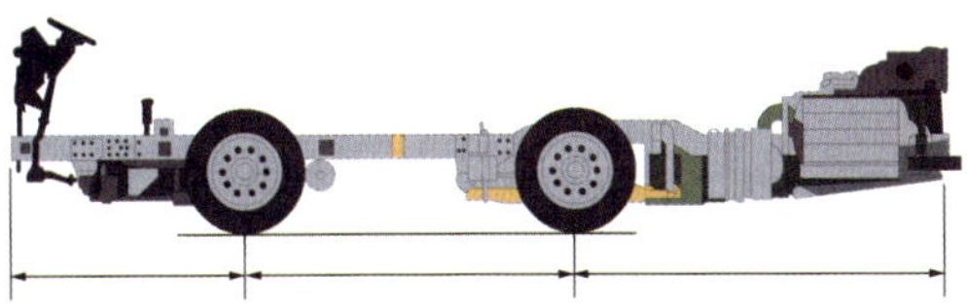

5. 传动系技术要求

道路运输车辆传动系的基本功用是将发动机发出的动力传给所有车轮。离合器是传动系中直接与发动机连接的部件，离合器踏板的自由行程符合整车技术条件的规定，接合平稳，分离彻底，工作时不应有异响、抖动或不正常打滑现象。换挡时变速器齿轮应啮合灵便，互锁、自锁和倒挡锁装置应有效，不得有乱挡和自行跳挡现象。装有分动器的汽车，应在挡位位置标牌或产品使用说明书上说明连通分动器的操作步骤。传动轴运转时不得有振抖、异响，中间轴承和万向节不得有裂纹、松旷现象。驱动桥工作时不得有异响，驱动桥壳、桥管不得有变形，驱动桥管不得有裂纹。

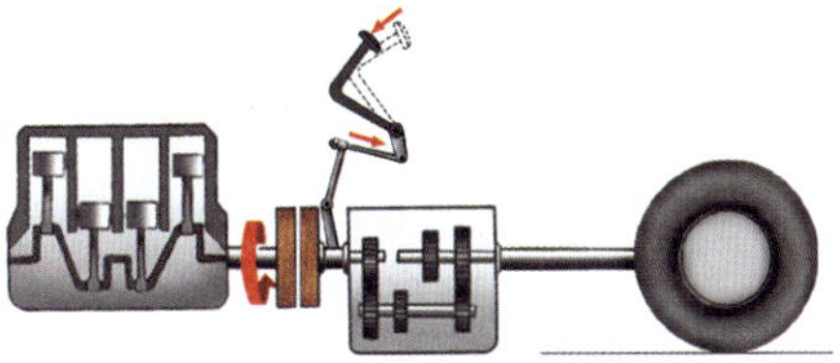

6. 燃料消耗量检测技术要求

道路运输车辆燃料消耗量检测，《道路运输车辆燃料消耗量检测和监督管理办法》规定，道路运输车辆要取得道路运输证，其车型必须在《燃料消耗量达标车型表》内，不符合道路运输车辆燃料消耗限值标准的车辆，不得进入道路运输市场。

第二节 汽车常见故障识别

汽车故障是指汽车机件和电气设备，部分或完全失去工作能力，致使车辆不能正常运行的现象。车辆发生故障后，及时进行诊断排除，对恢复汽车正常运行、降低消耗、提高运输效率有利，而且可以延长汽车使用寿命。道路运输车辆基本结构包括发动机、底盘、车身和电气设备四部分。车辆常见故障有发动机故障、底盘故障和电气设备故障。

一 发动机故障识别

汽车发动机常见故障有润滑系故障、燃油系故障、冷却系故障。

1. 润滑系故障判断

汽车发动机润滑系常见的故障有：机油压力过高、机油压力过低、机油消耗过多、无机油压力。发动机起动后机油压力表显示值迅速下降，甚至降至0，说明发动机机油压力过低。发动机运转中，机油压力表显示值突然增高，说明汽车发动机机油压力过高。行车中，若发现发动机机油压力过低或过高时，应及时关闭发动机，进行故障诊断维修。

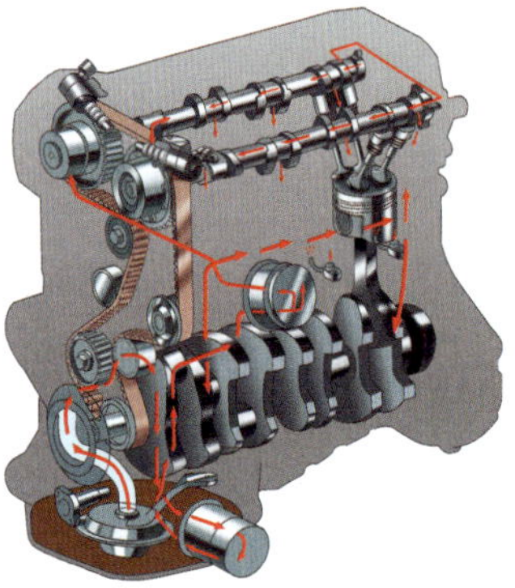

2. 燃油系故障判断

正常情况下，车辆燃油报警灯亮起，原因是燃油箱储油量不足。燃油表指在“0”或“E”，说明燃油箱无油，要及时添加补充燃油。

3. 冷却系故障判断

冷却系故障主要是冷却系温度过高，温度表显示超过95摄氏度，继续升温，甚至沸腾。故障原因只要有：冷却液不足、风扇传动带松弛或断裂、冷却液管路失常、分水管损坏、汽缸体渗漏、水套内水垢过多、冷却液温度表或冷却液温度传感器失效等。

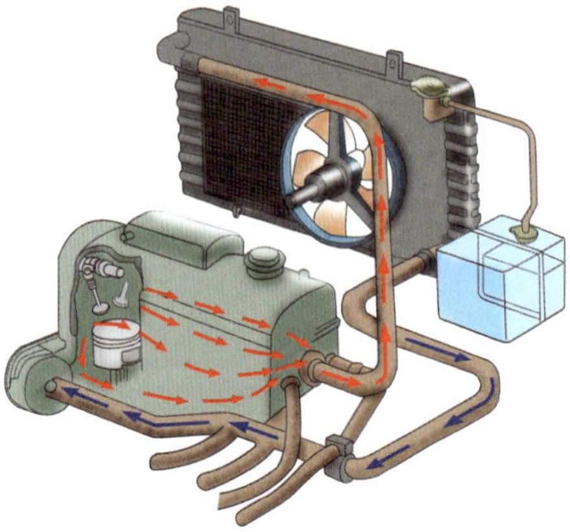

二 底盘故障识别

汽车底盘故障有传动系故障、制动系故障、前桥、后桥和转向系故障。

1. 传动系故障判断

汽车传动系的功用有减速增矩、实现倒车行驶、必要时中断传动、差速作用。传动系常见的故障有离合器故障、变速器故障、制动系故障，主要故障有离合器分离不彻底、变速器跳挡、后桥异响等。

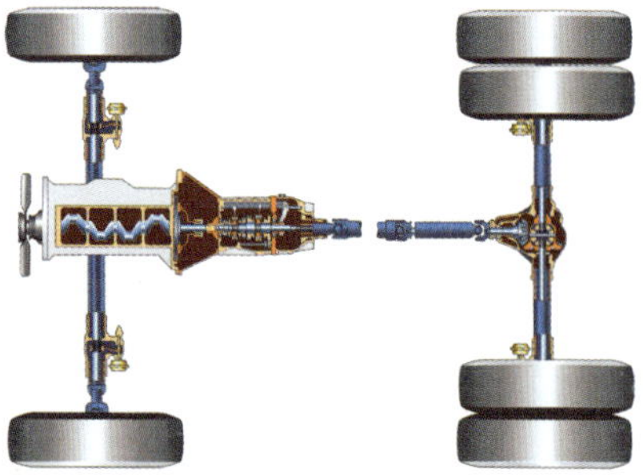

离合器的功用是保证汽车能平稳起步、保证传动系换挡时工作平顺、限制传动系承受的最大转矩。离合器故障有离合器分离不彻底、离合器打滑、离合器发抖、离合器异响。离合器踏板自由行程越大，离合器分离越不彻底。离合器踏板没有自由行程，会造成离合器打滑。汽车离合器打滑的原因有摩擦片过薄、间隙过大，压盘压紧弹簧状态不良、摩擦片状态不良、离合器盖安装螺栓松旷。

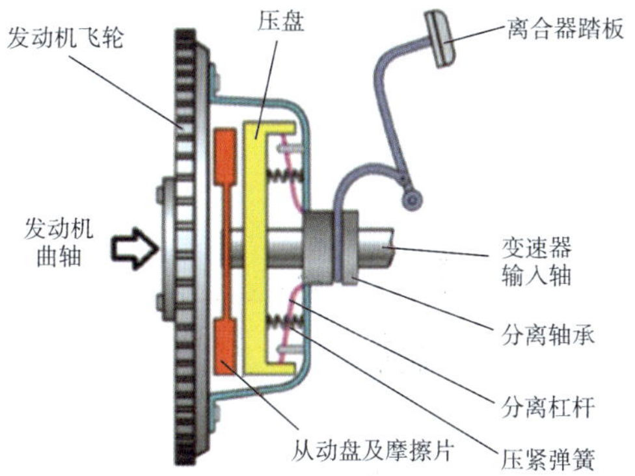

增大发动机输出的转矩和转速的变化范围，满足货车牵引力和车速变化需要的部件是变速器。变速器齿轮油品质下降，易造成变速器挂挡困难。汽车挂挡困难，有撞击声；挂挡后离合器踏板未抬起，汽车即行走或发动机熄火，故障原因是离合器分离不彻底。

2. 制动系故障判断

行车中，将汽车制动踏板踩到底，车辆不能立即减速、停车，说明制动器出现故障。汽车防抱死制动系统（ABS）报警灯亮起的原因有：轮速传感器发生故障、制动开关或制动灯故障。

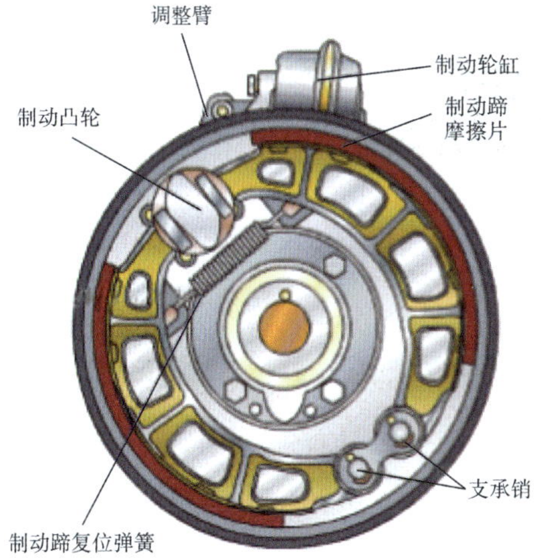

汽车液压制动不良的原因有：制动片液变质、不足、有杂质，制动片摩擦材料磨损过量，真空助力器漏气、失效。

气压制动车辆制动管路接头松动漏气，会影响汽车制动效果。气压制动不良的原因有：储气筒气压不足、空气压缩机传动带打滑、制动踏板自由行程过大、制动管路破裂或接头松动漏气。

3. 前后车桥和转向系故障判断

汽车后桥润滑油量不足，会造成汽车行驶时后桥过热。半轴是在差速器和驱动轮部件之间传递动力的实心轴。车辆行驶中，不能保持直线方向，而是自行偏向一侧，故障原因是前桥和转向系失效。

三 电气设备故障识别

电气设备故障有蓄电池故障、起动机故障、充电系故障、照明及其他故障。

1. 蓄电池故障判断

蓄电池停用一段时间或数天后，电量自行消失，无法使用。原因是蓄电池外部不清洁，造成正、负极接线柱间导通；外部电路有个别短路；蓄电池内部电解液中含有过量的铜、铁等金属杂质，造成短路。

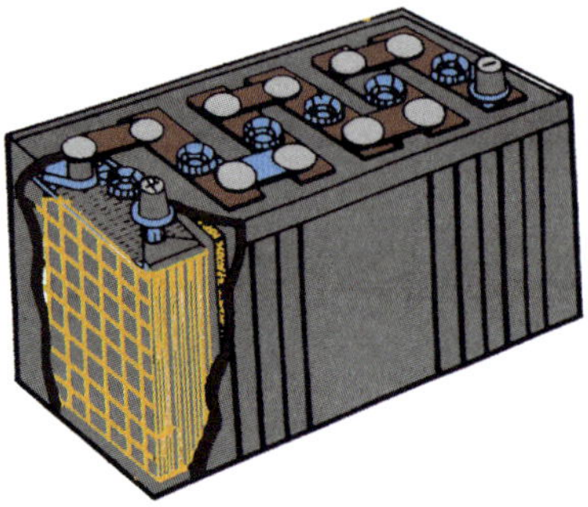

2. 起动机故障判断

转动点火钥匙至“START”位置，能听到起动机电磁开关动作的声音，但起动机不转或转动无力。原因有蓄电池电量不足或电源线接线柱接触不良，点火开关失效、继电器损坏，继电器接触不良、失效，电磁开关接触不良、失效，起动机电刷或换向器磨损、烧蚀、接触不良等。

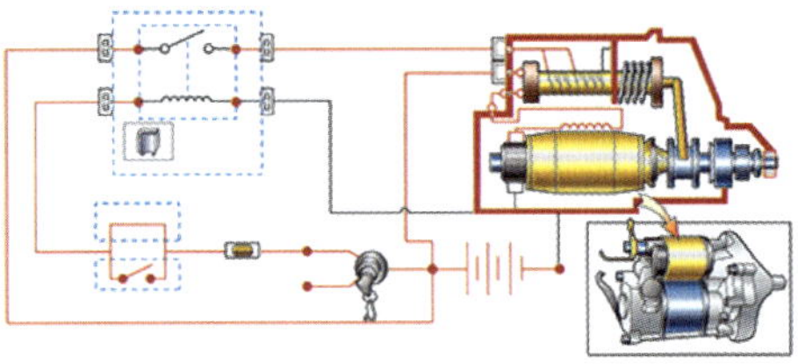

3. 充电系故障判断

充电指示灯亮或电流表指示放电，电流表指示值过小或大灯昏暗。原因有发电机传动带过松、打滑或断裂，电刷或滑环磨损、沾污、烧蚀、接触不良，励磁绕组或电枢导线短路或断路，电压调节器低速触点烧蚀、沾污或弹簧失效，整流二极管击穿或连接线断路等。

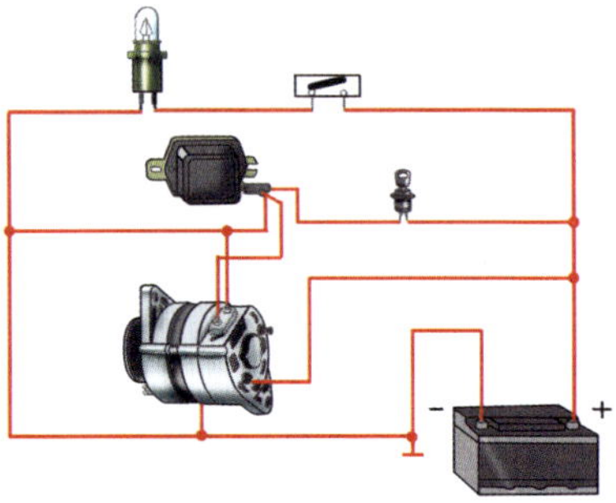

4. 照明及其他故障判断

前示廓灯一个灯不亮、前雾灯不亮，原因是灯泡损坏。前照灯一个灯不亮，原因是灯泡损坏或熔断丝烧坏。前后示廓灯都不亮、远近光灯都不亮、前后雾灯都不亮，原因是开关或继电器损坏、插座接触不良、熔断丝烧坏、线路故障。转向指示灯闪动过快，原因是一侧灯泡损坏、开关或继电器损坏、插座接触不良、线路故障。

第三节 节能与环保技术

随着汽车保有量的不断增加，能源消耗、汽车尾气排放、噪声污染等给城市环境和人们生活带来了危害，严重危及人们的身心健康。节能环保，可以促进人与自然、人与社会和谐发展，造福社会，这是一项基本国策，也是道路运输驾驶员的绿色环保责任。

一 燃料消耗的影响因素

影响车辆油耗的因素有，车龄和车况、车辆的负载、天气和季节、道路交通情况等因素。车况和车型的选择，对于油耗的影响比较突出。

1. 车况对油耗的影响

空气滤清器滤芯部分堵塞时，油耗增加。发动机转速过低、过高、忽高忽低时，油耗都会增加。发动机保持中等转速时，油耗较低。行驶系中的轮毂轴承过紧、过松，前轮定位不准，轮胎气压过低（低于标定气压），都会使油耗增加。齿轮润滑油黏度、抗磨性及温度性能不符合要求时，油耗会增加。

2. 车型选择对油耗的影响

选择车辆时要考虑节能环保的要求，根据车辆的用途、经常的运行环境、经常使用的工况因素科学选择。从事长途运输，选择经济车速高、底盘低、车身的流线型好的车辆。从事短途运输，选择经济车速低、加装导流罩、减少风阻的车辆。

经常在山区道路行驶，道路崎岖、坡度大、行驶速度低，车辆配置要求为发动机输出转矩和比功率较大。

二 汽车主要污染物的种类及危害

汽车排放污染已成为世界的一大公害，由于汽车数量的不断增加，城市的汽车尾气排放、噪声污染，给环境带来了较大的危害，严重危及人类健康。

1. 汽车污染环境的危害

汽车燃油发动机分为汽油机和柴油机两种，柴油机和汽油机相比，有压缩比大、热效率高、经济性好的特点。汽车发动机排放的主要污染物有：氮氧化物（NO_x）、碳氢化合物（HC）、一氧化碳（CO）、颗粒物（PM）。发动机排放的污染物中，会在大气中形成光化学烟雾，危害人体呼吸系统的是氮氧化物（NO_x）、碳氢化合物（HC）。发动机排放的污染物中，氮氧化物（NO_x）、二氧化硫（SO_2）在大气中会产生酸雨效应。柴油机排放的主要有害成分是氮氧化物（NO_x）、颗粒物（PM）。汽车排放的碳氢化合物，可引起人头晕、头痛、失眠，还可导致白血病、癌症。柴油机排放的污染物中，对人的眼睛和呼吸道危害很大的是颗粒粉尘。即使是完全燃烧产生的无毒气体二氧化碳（CO_2），也将加剧地球的温室效应。

道路交通噪声是城市环境噪声的主要组成部分，占到城市噪声的75%左右。交通噪声主要来自于运行的机动车辆，其中以汽车噪声的影响最大。汽车噪声一般都是60 ~ 90分贝的中强度噪声，主要来自于发动机噪声、轮胎噪声、喇叭声。

2. 降低排放污染的操作

正确维护车辆，合理控制车速，养成良好的驾驶习惯，能有效地降低汽车排放和噪声，减少空气和环境污染。车辆保持良好的技术状况，能有效地减少车辆的噪声和排放污染。尾气后处理装置，能够直接转化车辆尾气中有害气体。采用废气再循环装置的发动机，可以降低氮氧化物（NO_x）排放量。合理选用燃料、润滑油和轮胎等，可以降低燃油消耗，减少对生态环境的污染。按经济车速行驶、保持匀速行驶，排放的污染物最少。行车速度时快时慢时，车辆排放的污染物会增加。较长时间停车时，关闭发动机，可以节约燃油消耗，减少汽车噪声。

三 节能与环保的驾驶操作方法

汽车的节能与环保驾驶操作，体现在正确起动发动机、发动机预热、平稳起步、合理使用挡位、车速控制、控制行车温度、平稳转向变道、正确停车熄火，合理使用空调、预见性驾驶等关键环节。节能驾驶以安全为前提，没有安全，节能就毫无意义。

1. 起动发动机

发动机起动有常温起动、冷起动、热起动三种。常温起动是指大气温度和发动机温度高于5摄氏度时，起动发动机不需要采取辅助措施。冷起动是指大气温度和发动机温度低于5摄氏度时，起动发动机。热起动是指大气温度和发动机温度高于40摄氏度时，起动发动机。每次起动发动机都会消耗较多的燃油，频繁起动发动机，会不断增加车辆的油耗。

2. 发动机预热

冬季低温条件下起步前，要预热发动机，使用预加热装置热车后起步的优点是可以降低油耗、减少发动机不正常磨损、有利于变速器变速齿轮的润滑、使燃油燃烧更充分。寒冷天气冷起动柴油机时，首先要开启发动机预热系统，充分预热后再进行发动机起动操作。增压发动机起动时，需要对发动机进行怠速预热1分钟以上。

3. 平稳起步

车辆平稳起步，既能使发动机不熄火，又能省油。平稳起步的关键在于操作驻车制动器操纵杆、离合器踏板和加速踏

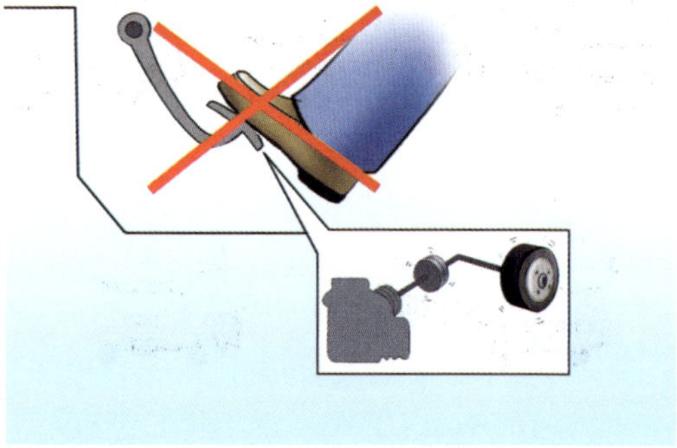

板的动作相互配合得当，如果手脚操作配合不当，会使汽车后溜、发动机熄火，增加油耗。起步后，缓慢提高发动机转速，均匀轻踩加速踏板，匀加速比急加速节油。

4. 合理使用挡位

车辆运行中，根据道路状况、交通流等交通特征的变化及时换挡，掌握好换挡时机，及时、准确换挡，保持发动机转速在经济区间。在道路条件较好、条件允许的路段，尽量使用高挡位。做到低速挡不超速，高速挡不缓行，合理带挡滑行。电喷发动机的车辆在滑行减速时，应该挂挡滑行。

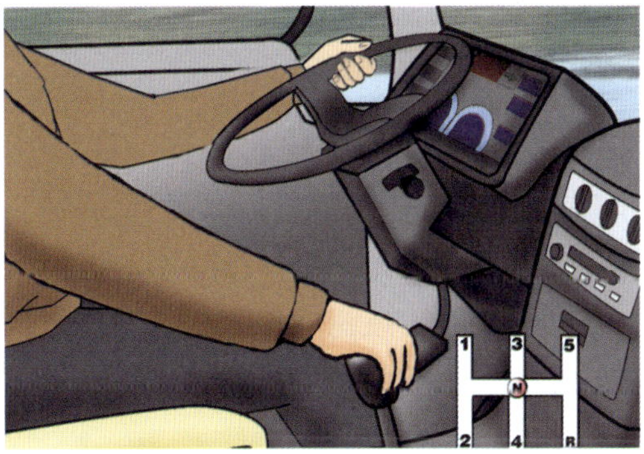

5. 车速控制

运输过程中，要根据道路状况、车辆载荷情况控制好车速，条件允许时，选择经济车速行驶，可减少燃油消耗。车辆达到经济车速后，尽量维持不变，车速在预期的速度频繁上下变化，油耗同样会增加。电喷发动机在转速高于设定转速，且加速踏板完全放开时，会自动切断燃油供给。

6. 控制行车温度

运输过程中，需要关注的行车温度包括冷却液温度、机油温度、齿轮油温度，其中发动机冷却液温度对车辆油耗影响最大。通常情况下，冷却液温度表读数在80～95摄氏度时，发动机油耗较低，转矩和功率较大。冷却液温度表读数达到100摄氏度时，需要停车或低速行驶，让发动机冷却液温度降到正常区域。

7. 平稳转向变道

行驶过程中，转向操作要平稳，变更车道和转弯时，平稳转向是既安全，又节油的驾驶方式。变更车道或转弯时，来回转动转向盘、快速转向、急加速，突然变向或频繁变更车道，急转弯，都会造成燃油浪费。

8. 正确停车熄火

行车中需要停车等候时，提前滑行减速，尽量“以滑行代替制动”，避免滑行过早或过晚，停车时间超过1分钟，最好将发动机熄火。停车时，避免将车辆停放在上坡路段、积水路段、松软路面，以免再次起步增加油耗。非增压发动机的车辆经过高速或爬长坡行驶后，发动机温度很高，应使发动机怠速运转30秒以上后

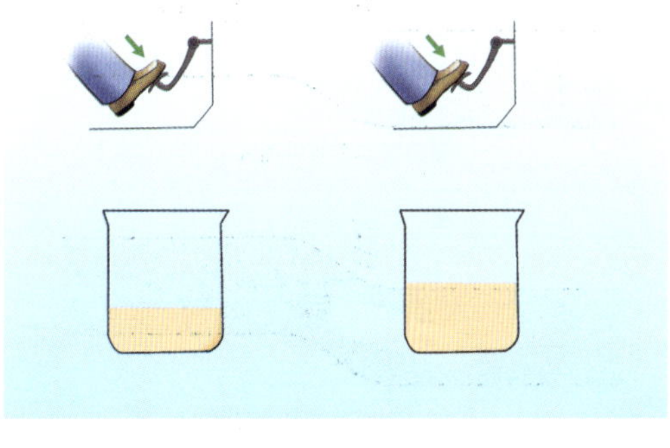

熄火。装有涡轮增压装置的车辆，停车后要让发动机怠速运转3～5分钟，才能熄火。

9. 合理使用空调

气温适宜，车速低于60公里/小时时，不要使用空调制冷功能，可打开车窗通风或者使用空调的通风功能。当车速超过80公里/小时，关闭车窗开启空调调节车内空气，但空调的温度不应设定过低。

10. 预见性驾驶

选择运输路线时，兼顾时间和距离的最优化，同时，考虑路段信号灯的多少，交通拥挤程度。在熟悉的城市里运输时，最好提前规划好行车路线，尽量避开火车站、学校、医院等繁华的路段。

第四节 汽车新技术应用

汽车新技术进一步提高了汽车使用过程中的安全、节能与环保状况，远程信息服务功能。

一 汽车新技术

ABS、缓速器、废气涡轮增压技术、高压共轨技术、尾气后处理装置等。

1. ABS

ABS可保证车辆在任何路面紧急制动时，自动控制和调节每个车轮的制动力，防止车轮抱死。驾驶装有ABS的车辆时，使用行车制动时，应用力踩下制动踏板不放松。采取制动措施时，感觉到制动踏板发生振颤，是ABS正常的工作特性。

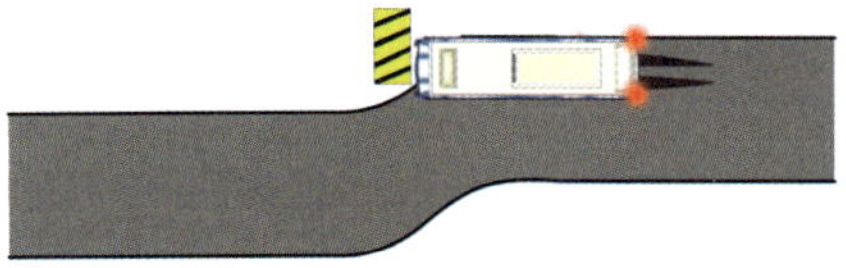

紧急制动时前轮抱死

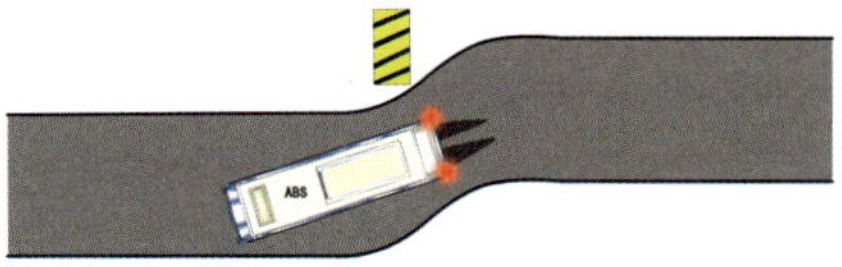

紧急制动时前轮未抱死

2. 缓速器

缓速器是一种有效的辅助制动系统，完全独立于行车制动系统，无论行车制动系工作与否都可有效减缓或降低车辆行驶速度，并可以长时间、高频率制动，增强了车辆的行驶安全性。缓速器适合汽车在下长坡时使用，可以解决车辆频繁制动或

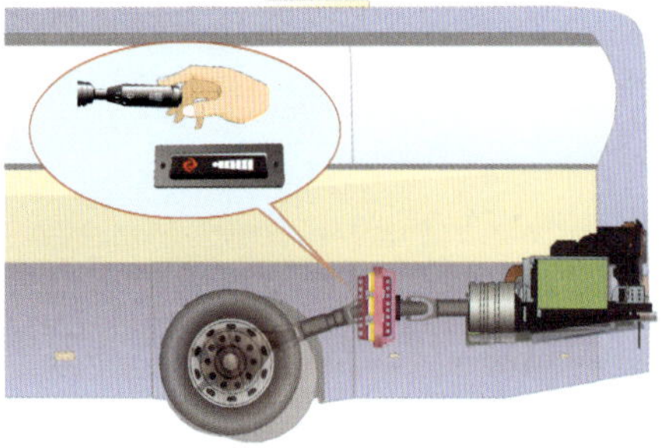

者下长坡制动时，行车制动器因长时间工作而导致制动鼓和摩擦片过热，造成制动效能下降，甚至制动能力丧失，给车辆安全性带来严重的威胁。

3. 废气涡轮增压技术

废气涡轮增压技术，是指通过涡轮回收部分发动机排气能量，驱动压缩机对发动机进气进行压缩，使小排量发动机获得更多的进气量，从而达到与较大排量自然吸气发动机相当功率水平的技术。废气涡轮增压发动机在保证相同额定功率时，排量与非增压发动机相比小，额定功率相同时，增压发动机比非增压发动机燃油经济性好。驾驶装有涡轮增压发动机的车辆时，应注意定期维护，合理选择机油（保证润滑有效），保持空气滤清器、机油滤清器清洁，停车后保持发动机怠速运转3~5分钟以上，才能熄火。

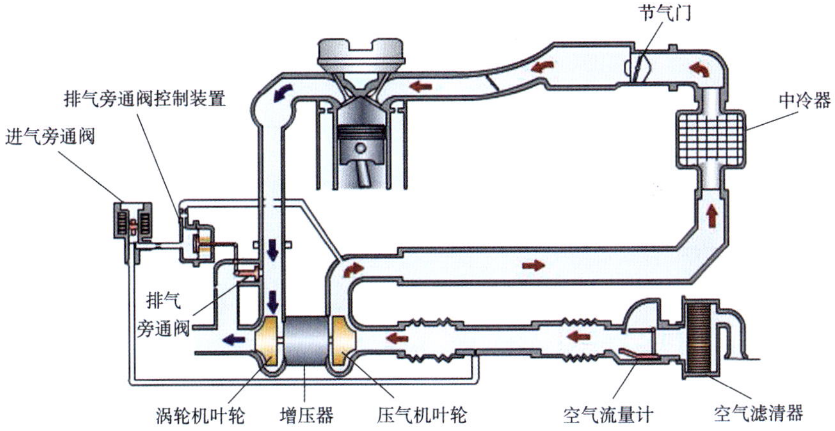

4. 高压共轨技术

高压共轨技术是指在高压油泵、压力传感器、共轨管、喷油器和电控单元组成的闭环系统中，将喷射压力的产生和喷射过程彼此完全分开的一种供油方式。高压共轨发动机克服了传统柴油机的缺陷，与传统发动机比较，高压共轨发动机的优势和优点在于提高燃烧效率、降低尾气排放、降低发动机噪声。

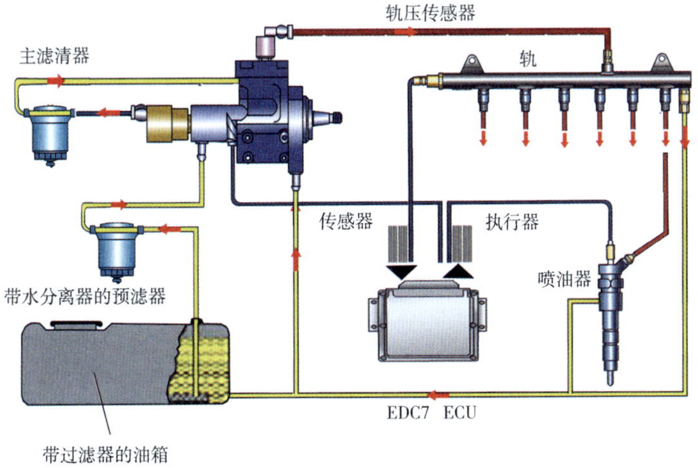

5. 尾气后处理装置

尾气后处理技术是选择性催化还原技术（SCR技术），在原来的尾气净化系统的基础上，加装一套调节尾气处理液喷射量的喷射和控制系统（SCR系统）。尾气后处理装置，可以降低NO_x排放50%以上，能直接转化尾气中有害气体，而且可节省5%~7%的燃油消耗。

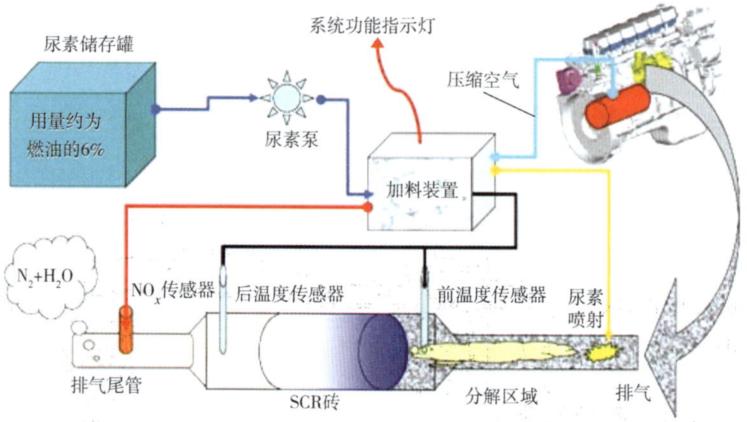

二 代用燃料的使用知识

代用燃料车的种类包括天然气汽车、甲醇汽车、乙醇汽车和液化石油气汽车。常见的两用燃料燃气汽车有压缩天然气汽车和液化石油气汽车两种。

1. 充装燃气

燃气汽车充装燃气前，驾驶员要配合加气人员检查气瓶及液位指示情况，充气前关闭车上所有电气设备。充气时，不能站在充气阀门正面。充气完毕，打开出液阀开关，检查系统是否有漏气现象。

2. 停车安全操作

燃气汽车需停驶超过10分钟，关闭手动气阀及电气总开关。每日收车后，要认真检查系统是否正常，关闭手动气阀及电气总开关，查看储气筒高压表的压力情况。燃气汽车停止行驶、停入车库或停车场时，要认真检查车辆停放周围有无明火火源或易燃、易爆物品，然后切断所有电源，关闭气瓶组合阀上的出气阀。

三 卫星定位系统等设备的应用

汽车新技术卫星定位系统，是加强道路运输动态监管、预防和减少道路运输事故、有效遏制重特大事故的重要工具。

1. 卫星定位系统安装要求

根据国家有关规定的要求，安装符合标准要求的卫星定位装置的道路运输车辆，可以接入全国重点营运车辆联网联控系统。已取得道路运输证但没有按照规定安装卫星定位装置或未接入全国联网联控系统的道路运输车辆，依据规定将被暂停营运车辆资格审验。道路运输企业应

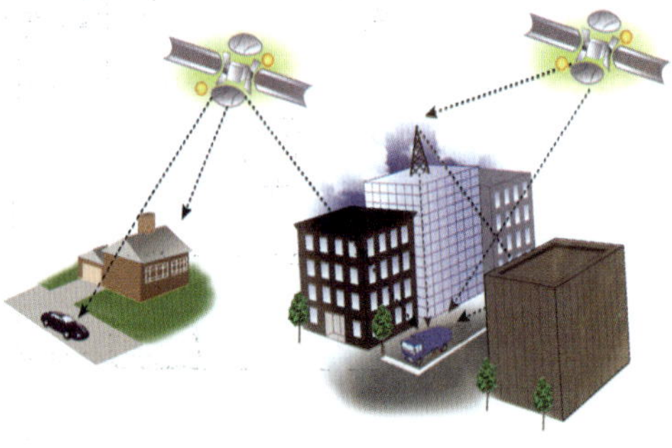

按规定配备专职人员监控车辆行驶动态，分析处理动态信息，对卫星定位系统监控到的违法驾驶信息要留存在案，至少保存1年。对不按规定使用、故意损坏卫星定位装置的单位和个人，要依照相关规定给予处理；造成严重后果的，依法追究企业负责人和相关责任人的法律责任。

2. 卫星定位系统车载终端

卫星定位系统车载终端是指安装在道路运输车辆上满足工作环境要求，完成卫星定位系统对车辆控制功能的装置。具有自检、定位、通信、信息采集、行驶记录、监听、休眠、通话、警示等功能。警示功能分为人工报警和自动提醒。自动提醒功能，在驾驶员超速、疲劳驾驶时能及时进行提醒。

第四章 道路货物运输专业知识

道路货物运输是以载货车辆为主要工具，将货物运抵目的地的活动。道路货物运输是向货物托运人提供服务的过程，运输形式方便灵活，运输过程快捷、方便、安全，可根据托运人的要求，实现“门到门”服务。道路货物运输既适合于中短途运输，也能在一定程度上满足长距离运输的需求。

第一节 道路货物运输基本知识

道路货物运输经营是指为社会提供公共服务、具有商业性质的道路货物运输活动。道路货物运输知识包括道路货物运输的基本环节、道路货物运输的商务知识等内容。

一 道路货物运输的基本环节

道路货物运输的基本环节包括运输合同的订立、货物受理及装载、货物的安全运输和货物卸载及交接。

1. 运输合同的订立

货物运输合同一经签订，便具有法律约束力，双方均应履行。签订货物运输合同后，承运人必须履行按照约定线路运输货物、在约定时间内送达货物、将货物安全运输到约定地点的义务。签订一次性运输合同时，合同成立的凭证是运单。

道路货物运单是承运人与托运人之间，为运输货物而签订的一种运输合同凭证。道路货物运单是运输合同成立的凭证，承运人接受、保管、交付货物的凭证，记录车辆运行和作业统计的原始凭证，划清承、托、收三方责任的依据。

货物运输有货物保险运输和货物保价运输两种投保方式，采取所有货物自愿投保的原则，由托运人自行确定。托运人选择货物保价运输时，申报的货物价值不得超过货物本身的实际价值。

2. 货物受理及装载

承运人受理货物时，应核对实际货物与运单记载的货物名称、数量、包装方式是否相符。发现货物与运单填写不符或可能危及运输安全的，不得办理交接手续。发现货物未按规定包装，应该请托运人按规定重新包装。承运包装不良，但不影响装卸和行车安全的货物时，应在运单上注明，以明确责任。

装载货物时，正确的做法是在车门处放置隔离物、重不压轻、先远后近，有包装的在下面，无包装的在上面。装载袋装货物时，袋口应朝向车内。分配载货质量，尽可能降低车辆的重心、重货物装在车辆的中心、重货物装在下层。

拼装配载货物时，液体不与固体拼装、砒霜不能与食物拼装、干燥车厢不能装载纸张，严禁大蒜油和茶叶拼装、普通货物和剧毒货物拼装。装载成件包装货物时，应排列整齐、紧密。

搬运装卸货物，可在合同中约定搬运装卸人，装运前对车厢进行清扫，装运完按规定贴上标志，不得拼装性质相抵触的货物。货运驾驶员协助并监督装卸人员按规程装载，发现潮湿发热的货物时终止装载，装载完后检查货物是否超限超载。

3. 货物的安全运输

为保证运输质量，货运驾驶员应该确保车辆技术状况良好，经常检查货物捆扎情况，遵守法律法规和操作规程。为了避免运输事故和货损货差，保证货物完好无损的地运达目的地，货运驾驶员要做好运行前、运输途中、卸货前的安全检查。货物的装载检查内容有运输前确保装载符合要求、途中检查货物安全状况、每次停车休息时都进行检查、行车中随时通过后视镜检查。

4. 货物卸载及交接

货物卸载后，货物的存放要遵守货物存放要求，一般分为按货物性质分类存放、按货物的流向存放、按照重不压轻的原则存放。交接货物时，收货人要求重新过磅，若结果是没有货差，由收货人承担过磅费。

二 道路货物运输的商务知识

道路货物运输的商务知识包括运输成本与运价核算、合同的履行与违约、维权与投诉等相关知识。

1. 运输成本与运价核算

道路货物运输成本分为固定成本和变动成本，固定成本不受服务量或者运量变化的影响，不随服务量或运量变化。变动成本随服务量或者运量的变化而发生变化。运输成本加上利润确定运价，运价包括固定成本、变动成本和利润。采取提高机械化装卸水平、避免回程空驶、做好货物配载措施，都能够降低运输成本，提高运输效率。

2. 合同履行与违约

承运人的责任是将货物安全运达目的地，及时通知收货人来取货，不包括免费提供卸载货物服务。两个以上承运人以同一运输方式联运，与托运人订立合同的承运人对全程运输承担责任。货物交付收货人之前，可以满足托运人的中止运输、返还货物、变更到达地点、将货物交给其他收货人的要求。

托运人或者收货人不支付运费时，承运人对相应的货物享有留置权。收货人逾期提货时，可以向其收取保管费。因托运人申报不实而造成承运人损失，托运人承担损害赔偿责任。货物本身自然性质、包装存在内在缺陷、不可抗力原因造成的货物损失，承运人在举证后可以不负赔偿责任。

货物在运输中因山洪暴发而灭失，如果还未收取运费，货运驾驶员不能要求托运人支付运费。已收取运费的货物在运输中因地震而灭失，如果托运人要求返还运费，货运驾驶员应予以返还。

3. 维权与投诉

货运驾驶员的合法权益受到损害时，可采取要求有关部门依法处理、依法申请仲裁、依法提起诉讼的方式进行维权。货运驾驶员对行政机关的罚款决定不服，可以直接向人民法院提起诉讼时，应在知道或者应当知道作出罚款决定之日起6个月内提出。

道路运输企业拖欠或者未足额支付劳动报酬时，货运驾驶员可以向当地人民法院申请支付令。

货运驾驶员认为行政处罚侵犯自己的合法权益或不服行政机关的罚款决定时，可以申请行政复议或者提起行政诉讼，行政复议一般情况下可在自知道处罚决定之日起60日内申请行政复议，在申请行政复议时可以一并提出行政赔偿请求。

第二节 道路货物运输的分类与装载知识

道路货物运输根据车型和货物的不同，可分为不同的运输类型，包括道路普通货物运输、道路货物专用运输、道路大型物件运输、道路危险货物运输。

一 道路货物运输分类

道路普通货物运输形式主要有整车货物运输、零担货物运输。道路货物专用运输专指使用集装箱、冷藏保鲜设备、罐式容器等车辆进行的货物运输。

1. 道路普通货物运输

道路普通货物运输是指因货物本身的性质普通，在装卸、运送、保管过程中对运输车辆没有特殊要求的货物运输方式。潮湿棉花、活性炭、干的植物纤维、20升以下的水性涂料都可以作为普通货物进行道路运输。

压缩氮满足使用符合《气瓶安全技术监察规程》规定的无缝气瓶、单个气瓶公称容积不超过50升、每个运输单元的压缩气体气瓶总水容积不超过500升条件时，可以作为普通货物进行道路运输。对于桶装的液体货物，应检查桶盖是否严密、桶体是否渗漏。道路普通货物运输驾驶员不得运输液氯、油纸、甲醇。根据国家相关标准，危险货物分为九类，属于危险货物的雷管、氧气、汽油、非易燃无毒气体等，不得认作道路普通货物运输。

甩挂运输，是将牵引车按照预定运行计划，在货物装卸作业点，甩下所拖的挂车，换上其他挂车继续行驶的运输组织形式。甩挂运输有提高运输效率、减少装卸等待时间、降低运输成本、减少车辆空驶的优点。甩挂运输，比传统运输方式要节约更多的货物仓储设施。甩挂运输时，牵引车和挂车必须满足准牵引总质量与总质量匹配的条件，牵引车与挂车之间的电缆连接器、气制动连接装置、防抱死制动系统形式及接口应符合规定且相互匹配。

2. 道路货物专用运输

集装箱运输的优点有物资损耗少、节约包装材料及费用、装卸效率高、货差货损少。整箱集装箱货运适用于货流量大、货流集中，中途不停靠站，直达目的地的整装整卸情况的货物运输。拼箱集装箱货运适用货源分散、托运人单件托运量小，运送目的地各不相同的情况的货物运输。

冷藏保鲜专用运输，适用于在运输中必须保持一定的温度，以防腐坏变质货物运输，例如肉蛋蔬果、生鲜食品，都适宜选择冷藏保鲜专用运输。装载、运输冷冻货物时，应该紧密堆码、保持低温。装载、运输易腐货物时，应该保留间隙、保持温度与物品特性适宜。

罐式容器专业运输，具有装卸运输效率高、货运品质有保证、有利于运输安全、节约包装材料和成本的特点。一般使用罐式专用车辆运输散装、具有一定流动性的货物，例如，运输柴油时宜选择罐式容器专用运输。罐式容器的罐体密封，运输易燃易爆货物时能大大降低事故风险，这体现了利于运输安全的特点。驾驶罐式车辆急转弯时，罐体内的液体会向侧壁堆积，增加车辆侧滑的风险，因此，装载被隔板分割成若干个小的独立罐体的罐车时，应保证质量分布均匀。

3. 道路大型物件运输

道路大型物件运输是运用载货汽车运载具有超长、超高、超宽或质量超重等特点的大型物件的运输方式。依法运输超宽超重的不可解体货物时，宜选择大件运输专用车辆。依法进行超限运输时，应按照规定将标志悬挂在货物超限的末端。

二 货物装载与固定

货运车辆装载和加固要符合规定，货物的正确摆放、合理的捆扎和加固，可使货物装载均衡、稳定、分布合理，以保证在运输途中不发生移动、滚动、倾覆、倒塌或坠落等情况，确保完整、安全、迅速、合理，经济地运输货物。

1. 货物装载

货运车辆装载应符合核定的载质量，载物的长、宽、高不得违反装载要求。成件包装货物的装载高度或宽度超出货车端侧板时，应梯形码放。有毒、易污染的货物卸载后，应对车辆进行清洗和消毒。

2. 货物固定

固定能够承受压力且不会压缩变形的单件货物，适合使用横（纵）向下压捆绑法。采用横（纵）向下压捆绑法固定货物时，最佳的捆绑角度是90度。固定原木、钢板等长条、成垛堆码的货物，适合使用整体捆绑法。货物拉牵固定法通常用于加固大件货物。

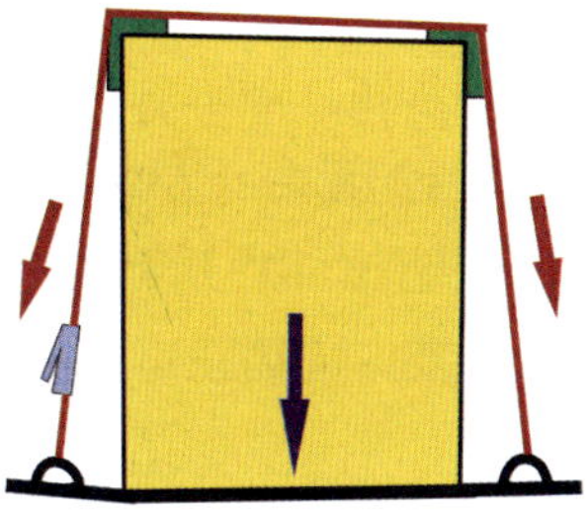

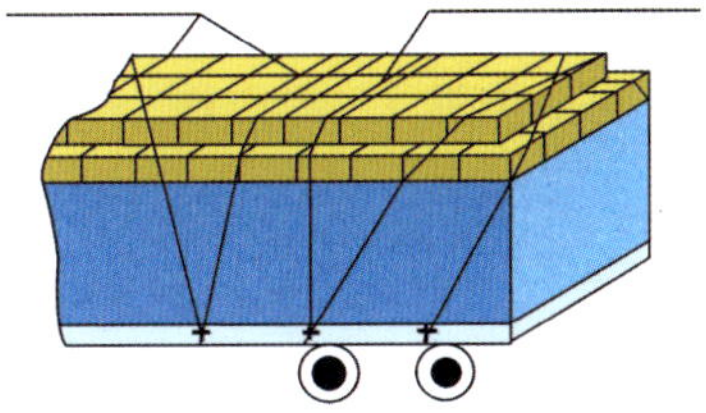

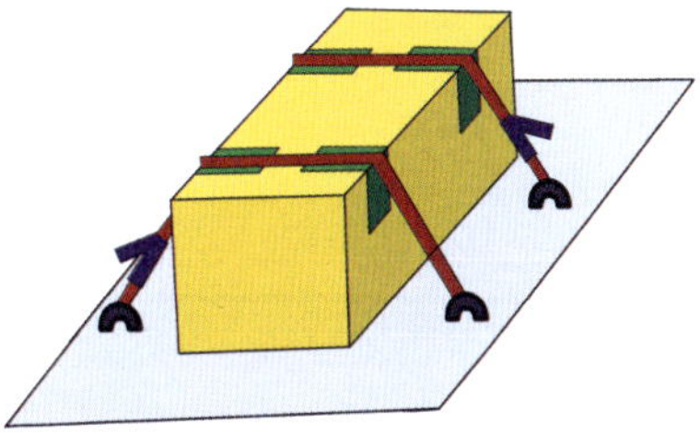

3. 货物包装储运图示标志

货物运输包装是指使用适当的材料或容器并采用一定的技术，对货物在流通过程中加以保护的方法或手段，有效避免货物在一般外力作用或自然条件下，发生破坏、变质、损失，将货物安全、完整、迅速地运至目的地，具有保障货物运输安全、便于装卸储运、加速交接点验等功能。

（1）易碎物品标志，表明运输包装件内装易碎品，搬运时应小心轻放。

（2）禁用手钩标志，表明搬运运输包装件时禁用手钩。

（3）向上标志，表明运输包装件在运输时应竖直向上。

（4）怕晒标志，表明运输包装件不能直接照晒。

（5）怕辐射标志，表明该物品一旦受辐射会变质或损坏。

（6）怕雨标志，表明包装件怕雨淋。

（7）重心标志，表明该包装件的重心位置，便于起吊。

（8）禁止翻滚标志，表明搬运时不能翻滚该运输包装车。

（9）此面禁用手推车标志，表明搬运货物时此面禁止放在手推车上。

（10）禁用叉车标志，表明不能用升降叉车搬运的包装件。

（11）由此夹起标志，表明装运货物时可用夹持的面。

（12）此处不能卡夹标志，表明装卸货物时此处不能用夹持的面。

（13）堆码承受的质量极限标志，表明该运输包装件所能承受的最大质量极限。

（14）堆码层数极限标志，表明相同

包装件的最大堆码层数（含该包装件），n 表示层数极限。

（15）禁止堆码标志，表明该包装件只能单层放置。

（16）由此吊起标志，表明起吊货物时挂绳索的位置。

（17）温度极限标志，表明该运输包装件应该保持的温度范围。

受理包装货物时，应注意以下事项：

（1）用木箱类包装货物时，不能用破损、有裂缝或腐烂的木板。箱板上钉的钉子必须紧密牢固，不能露在外面。

（2）易碎货物应装在木箱或其他适用材料的硬包装内，并用干草或泡沫、海绵等材料做衬垫。装货过程中如有可疑时，应摇动货箱，细听有无破碎的声音。

（3）装车时发现包装外部有湿痕或污迹，表明该件货物可能已经受到潮湿或污损，必要时应请托运人拆包检查。

（1）易碎物品标志

（2）禁用手钩标志

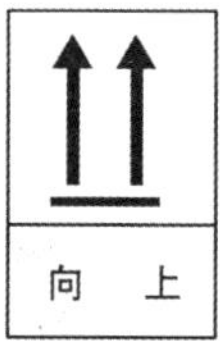

（3）向上标志

（4）怕晒标志

（5）怕辐射标志

（6）怕雨标志

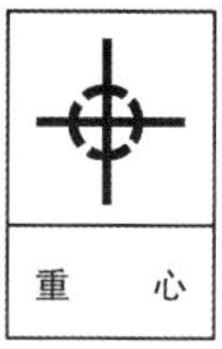

（7）重心标志

（8）禁止翻滚标志

（9）此面禁用手推车标志

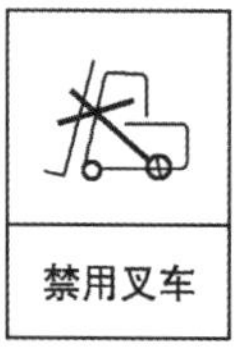

（10）禁用叉车标志

（11）由此夹起标志

（12）此处不能卡夹标志

（13）堆码承受的质量极限标志

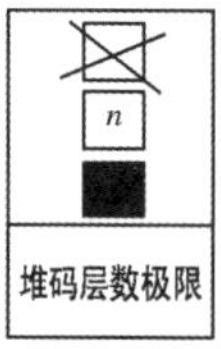

（14）堆码层数极限标志（图中n表示层数）

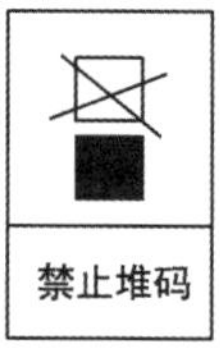

（15）禁止堆码标志

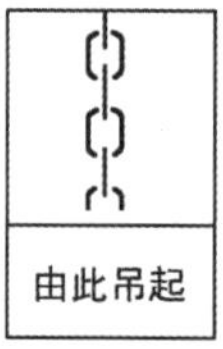

（16）由此吊起标志

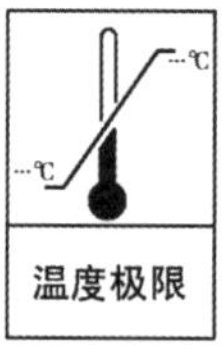

（17）温度极限标志

第三节 货物运输车辆主要类型与技术特点

货物运输车辆是指在车辆设计和技术特性上主要用于载运货物或牵引挂车的汽车，包括以载运货物为主要目的的专用汽车。

1. 货车类型划分

根据结构不同，常见的道路货物运输车辆包括：

（1）普通载货汽车，是指载货部位的结构为栏板的载货汽车，不包括具有自动倾卸装置的载货汽车。

（2）厢式货车，是指载货部位的结构为封闭厢体且与驾驶室各自独立的载货汽车。

（3）封闭货车，是指载货部位的结构为封闭厢体且与驾驶室联成一体，车身结构为一厢式的载货汽车。

（4）罐式货车，是指载货部位的结构为封闭罐体的载货汽车。

（5）平板货车，是指载货部位的地板为平板结构且无栏板的载货汽车。

（6）集装箱车，是指载货部位为框架结构且无地板，专门运输集装箱的载货汽车。

（7）自卸货车，是指载货部位具有自动倾卸装置的载货汽车。

（8）半挂牵引车，是指不具有载货结构、专门用于牵引半挂车的汽车。

（9）汽车列车，是指由一辆汽车与一辆或多辆挂车组成的机动车。

货车按照总质量不同，可分为：

（1）轻型载货汽车，是指总质量不超过4500kg的载货车辆。

（2）中型载货汽车，是指总质量大于等于4500kg且小于12000kg的载货车辆。

（3）重型载货汽车，是指总质量大于等于12000kg的载货车辆。

2. 挂车类型划分

挂车按照总质量不同，可分为：

（1）轻型挂车，是指总质量不超过4500kg的挂车。

（2）中型挂车，是指总质量大于等于4500 kg且小于12000kg的挂车。

（3）重型挂车，是指总质量大于等于12000kg的挂车。

3. 货车技术要求

车辆技术性能应当符合《道路运输车辆技术管理规定》的有关规定。

（1）从事大型物件运输经营的，应当具有与所运输大型物件相适应的超重型车组。

（2）从事冷藏保鲜、罐式容器等专用运输的，应当具有与运输货物相适应的专用容器、设备、设施并固定在专用车辆上。

（3）从事集装箱运输的，车辆还应当有加固集装箱的转锁装置。

第四节 危险货物道路运输禁止、限定、豁免等相关知识

一 例外、有限数量危险货物豁免规定

符合《危险货物有限数量及包装要求》（GB 28644.2—2012）以及《危险货物例外数量及包装要求》（GB 28644.1—2012），可以与其他危险货物、普通货物混载，未达到一定数量的可以按照普通货物运输，具体运输要求可参考《例外数量和有限数量危险货物道路运输指南》。

（1）运输前托运人应当在托运清单中注明例外数量危险货物及包件的数量。

（2）例外数量、有限数量危险货物包件可以与其他危险货物、普通货物混合装载，但有限数量危险货物包件不得与爆炸品混合装载。

（3）运输车辆载运例外数量危险货物包件数不超过1000个或者有限数量危险货物总质量（含包装）不超过8000千克的，可以按照普通货物运输。

根据《道路危险货物运输管理规定》豁免的危险货物,仅适用道路运输环节,生产、包装、经营、储存、使用及其他运输方式等,仍应严格遵守《危险化学品安全管理条例》的有关规定。

二 “特殊规定”要求

有的货物其品名虽然列在《危险货物道路运输一览表》中,但在一定的条件下,其危险性会降低到相当低的程度或可控制在很小的范围内,而在运输过程中不致造成人身伤亡和财产损毁,从方便运输、方便托运人的角度出发,可以将这些危险货物视作普通货物运输。具体要求可查看《危险货物道路运输一览表》的第7栏“特殊规定”。

第五章 道路货物运输驾驶员职业道德与身心健康

货运驾驶员的社会责任、职业道德与职业心理，直接关系到道路运输安全与服务品质。货运驾驶员的职业具有流动分散作业、服务对象层次多、环境复杂多变、意外和危险因素多的特点，因此其自身的社会责任、职业道德、职业心理及职业理念显得尤其重要。

第一节 道路货物运输驾驶员的社会责任与职业道德

货运驾驶员的社会责任和职业道德是一个不可忽视的社会问题，直接影响到道路运输的兴衰与发展。提高货运驾驶员的整体素质，关键是要培养其社会责任和良好的职业道德。

一 社会责任

货运驾驶员要以一种有利于社会的方式进行道路运输和经营，承担相应的法律和经济义务，安全驾驶、文明行车、规范经营、优质服务、节能环保、诚实守信，对社会整体承担责任，为社会创造价值。从长远看，社会责任与经济效益之间是相辅相成的，只有社会责任感强的货运驾驶员，才能为企业、个人创造更多的经济价值。

1. 社会责任感

货运驾驶员的社会责任感与道路运输安全息息相关，确保行车、运输安全是货运驾驶员承担的一项重大的社会责任。安全意识是货运驾驶员社会责任的核心，行车安全与驾驶技术是货运驾驶员履行社会责任的基础，货运驾驶员不遵守道路交通安全法规，是缺乏社会责任感的具体表现。

2. 责任和义务

货运驾驶员应承担的社会责任包括遵章守法、维护交通秩序，保证货物运输安全，节能减排、保护环境，为托运人提供优质服务。货运驾驶员不断深化认识并积极履行自己的社会责任，有利于促进道路运输行业健康发展、保证自身和他人生命财产安

全、减少环境污染、节约能源，为企业创造更多经济利益。

货运驾驶员不仅要保证本车的行车安全，更重要的是保证其他交通参与者的安全，树立“安全第一、珍爱生命”的理念。

二 职业道德

货运驾驶员的职业道德与行车安全有着密切关系。良好的职业道德，必然会给社会和企业带来较高的经济效益。良好的职业道德要求驾驶员在道路运输活动中要做到依法行车、安全礼让、规范操作、有序通行。货运驾驶员酒后驾驶、发生道路交通事故后逃逸、开故障车、疲劳驾驶、长时间占用快车道行驶、夜间会车使用远光灯、占用应急车道行车等，都是缺乏职业道德的具体表现。

为了行车安全，货运驾驶员要经常保持平和的心态，做到宽容、大度、忍让。

货运驾驶员职业道德的总体要求是爱岗敬业、遵纪守法，诚实守信、办事公道，服务群众、奉献社会。货运驾驶员应平稳驾驶，妥善保管货物、避让有优先通行权的车辆、遇道路拥堵时耐心有序跟车、不具备会车条件时停车让对向来车先行，都是良好职业道德的具体表现。

1. 遵章守法

遵章守法要求货运驾驶员在运输过程中，严格按道路运输相关法规安全运输，自觉遵守企业的各项规章制度，遵守驾驶员安全操作规范，行车前认真执行安全告知制度。不超速，不疲劳驾驶，不频繁变换车道，不开“违法车”“英雄车”“斗气车”，保持良好的驾驶作风和职业习惯，加强自身修养和良好个性心理的养成，保障乘客安全、货物完好无损地到达目的地。

2. 依法营运

货运驾驶员从事道路运输，首先是要依法取得道路运输经营许可证，即经营主

体合法。其次是要按照法律、法规、规章和规范依法从事道路运输经营活动，即经营行为合法。取得合法经营许可后，严格按照法定的条件和经营行为规范开展经营活动，做到保证货物托运人的财产安全。

3. 诚实守信

诚实守信是道路运输活动中最可贵的理念，货运驾驶员只有做到了诚实守信，才能赢得托运人的信任和社会的认可。

诚实守信要求货运驾驶员按照规定的时间、路线运输，确保货物安全准时到达目的地。货运驾驶员要按照合同承诺进行道路运输，发现货物包装破损时及时通知托运人，超限运输时要按批准的时间、路线、速度进行。

4. 公平竞争

公平竞争是货运驾驶员积极参加培训，提高服务水平，在招揽货物时，要依照统一规则，通过提高自己的服务标准和管理理念等手段参与竞争。

5. 优质服务

优质服务是货运驾驶员在运输服务中，遵循工作准则，根据托运人的实际需求提供规范、安全、优质、及时的运输服务，满足广大托运人日益增长、不断变化的运输需求。货运驾驶员在通过凹凸路面时要减速慢行，货物到达后及时交付收货人。这些都是优质服务的具体做法。

6. 规范操作

货运驾驶员要确保行车安全，提高运输效率和经济效益，必须掌握过硬的安全驾驶技能和丰富的专业知识，严格遵守安全操作规程。出车前做好日常维护、安全检视，行车中、收车后对车辆进行安全检查。行车中，严格遵守道路安全法律、法规的有关规定，自觉遵守道路交通信号。

第二节 道路货物运输驾驶员的职业心理与职业健康

货运驾驶员在驾驶车辆运输过程中的心理活动与安全行车有着密切的关系，运输中驾驶员保持良好的心态，是预防交通事故的重要前提。心理健康、心态良好的货运驾驶员，在行车中一般会注意力集中、判断准确。若不能及时调整心理波动或者异常情绪状态，极容易导致发生交通事故。

一 驾驶员的职业心理

货运驾驶员了解心理状态对运输安全的影响，及时纠正不良的心理，有意识地养成良好的心理素质，保持健康的心理状态，是预防道路运输事故的重要前提。积极、谨慎的心理状态有利于行车安全，驾驶员行车时的宽容忍让有利于保证行车安全和运输安全。驾驶员不健康的心理包括急躁心理、好胜心理、赌气心理、随众心理、麻痹心理、负重心理等，这些都是引发道路交通事故的主要因素。

1. 急躁心理

货运驾驶员的急躁心理，不利于提高运输效率，容易导致交通事故。驾驶员的急躁心理会导致开快车、强行超车、频繁变更车道等危险行为。驾驶员在运输过程中应谨慎驾驶，提前预见危险，切忌急躁心理。

2. 自满心理

货运驾驶员出现自满心理，自认为驾驶经验丰富，往往会形成一些违法驾驶习惯，导致驾驶员炫耀比拼车技、长时间单手握转向盘、开车接听手机、开“英雄车”等行为，容易导致道路交通事故发生。驾驶员在运输过程中感到沾沾自喜时，要及时自省，提醒自己集中注意力驾驶，始终把安全放在第一位。

3. 好胜心理

货运驾驶员的好胜心理是心理不成熟的表现之一，主要表现在驾驶车辆时无视法律法规，强行超车、会车抢行，遇到别人争道抢行的不文明行为，容易和他一较高下，教训他的不文明行为，一旦遇到紧急情况又会措手不及。驾驶员在运输过程中遇别人占道行驶及其他不友好行为时，需杜绝好胜心理，要心平气和、宽容忍让，安全完成运输任务。

4. 赌气心理

货运驾驶员的赌气心理，会使其把注意力集中在报复行为上，一旦有不良驾驶行为影响到自己，往往采取强行超车挤压对方、不让加塞车辆、开远光灯对射等极端措施，往往会引发道路交通事故。驾驶员在遇到容易惹怒自己的不愉快事情时，为了有利于运输安全，要善于克制自己的情绪，沉稳谨慎，避免极端行动。

5. 麻痹心理

货运驾驶员的麻痹心理，会使其安全敏感性降低，容易忽视道路上关键的安全细节，会导致其以为车辆安全性能好而不实行车辆“三检”制度、忽视交通风险情况借对向车道超车等存在安全隐患的行为。驾驶员在运输过程中，要时刻提醒自己谨慎行车，避免麻痹大意心理。

6. 侥幸心理

货运驾驶员的侥幸心理容易使其产生违法行为，如驾驶故障车上路、交叉路口闯红灯、高速公路随意停车、感到疲劳勉强继续驾驶、无交通信号灯控制路口转弯加速抢行通过等。侥幸心理是运输安全的极大隐患。货运驾驶员在运输过程中，要遵守操作规程和交通法规，避免侥幸心理。

7. 随众心理

货运驾驶员的随众心理主要表现为心理上对他人行为的追随和迎合，对自己的宽慰和谅解。随众心理会导致其跟随其他车辆占用应急车道行驶、超速行驶，在拥堵路口、路段、事故现场跟随其他车辆抢行、加塞等。货运驾驶员要避免“法不责众”的想法，克服随众心理，文明驾驶。

8. 寄托心理

货运驾驶员的寄托心理，使其把自己的安全和顺利通行寄托在其他交通参与者身上，从而导致见对向有来车时仍借道超车、在有障碍路段高速会车、见十字路口有行人正在通过时继续高速行驶，一旦其他交通参与者并未采取正当措施或避让，后果可想而知。货运驾驶员要杜绝寄托心理，采取防御性驾驶，正确判断其他车辆动态，提前做好避让准备。

9. 负重心理

货运驾驶员在工作、家庭、生活、婚姻等方面出现问题或者不如意时，会导致思想负担过重、精神压力大、情绪低落、思维迟钝的负重心理，造成精力分散，注意力不集中，有时会处于苦思冥想的状态，遇到紧急情况极易发生交通事故。货运驾驶员要主动调控自己的心理状态，解除思想压力，卸下包袱，集中精力，安全驾驶。

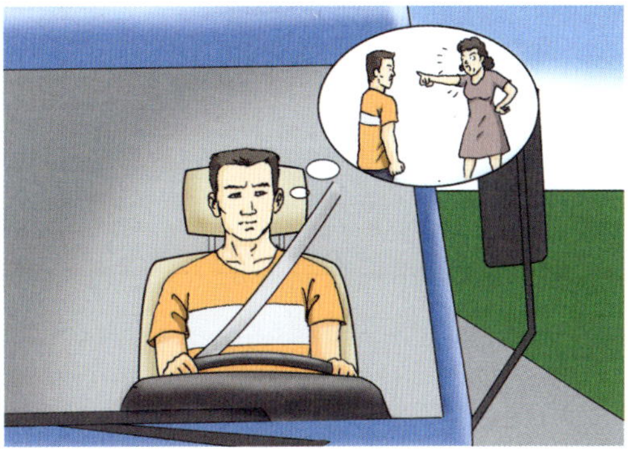

二 驾驶员的心理调节

货运驾驶员做好心理调节，保持良好的精神面貌和稳定的心理状态，有利于身心健康和行车安全。

1. 情绪稳定的调节

货运驾驶员在道路运输过程中，要学会保持心理的稳定，及时调整心态，善于自我调节、缓解消极情感、避免过激的心理活动。驾驶员情绪低落、心神不定时，应急反应能力会降低，出现紧张焦虑、伤感抑郁、兴奋激动等情绪时，不利于运输安全。如驾驶员与家人争吵后情绪激动，此时出车会影响运输安全。

驾驶员遇情绪不良时，可以利用一些警示语提醒自己，如“宁停三分、不抢一秒”“安全是福、超速是祸”“马达一响、集中思想”等。出现不利于安全运输的异常情绪时，要克服情绪影响，集中注意力驾驶，调整心态，放松心情；感觉自己情绪波动很大时，及时选择安全地点停车，待情绪稳定后继续行驶。

2. 心理压力的调节

货运驾驶员本身要注意调节心理压力，提高心理承受力和应激力。调节心理压力的方法有：保持良好的人际关系，阅读励志书籍，培养健康的兴趣爱好，保证充足的睡眠。行车中保持健康平稳的心理状态，把其他交通参与者当作伙伴，有效地消除精神和身体上的疲劳，可大大减轻心理压力。

3. 保持良好的心理状态

货运驾驶员心理特征变化是受人的心情、环境影响所表现出的不同的心理反应，运输过程中保持良好的心态，是预防道路交通事故的重要前提。良好的心理状态要靠驾驶员自身去调节，平时要加强专业知识学习、扩充知识面，规律作息，保证充足睡眠，合理饮食、营养均衡，适度运动，这些做法都有利于驾驶员心理健康。

货运驾驶员在运输过程中，要保持良好的意志品质和心态。如遇到紧急情况时头脑冷静、措施果断，在道路拥堵时按顺序通行，遇到其他车辆抢行时及时调整心态、宽容忍让，始终保持良好的心理状态，才能保证运输安全。

三 驾驶员的职业保健

货运驾驶员的不良职业环境以物理性有害因素居多，如长时间同一体位、振动、作息时间不规律等，也有如燃油、其他油料等化学性有害因素。因此，需从工作和生活两个方面来维护自己的健康，加强职业保健。

1. 预防各种常见病

货运驾驶员长时间在固定的位置循环操作，如果不注意预防，容易患上颈椎和消化系统等常见病。预防颈椎病的做法是座椅位置和高度合适、正确调整头枕的高度、保持正确的驾驶姿势、停车休息时活动颈部。预防胃病的做法是合理安排行程，定时适量饮食，少吃刺激性、生冷、不易消化等食物，保持情绪稳定，避免精神过度紧张，慎用对胃黏膜有损伤的药物。

2. 预防驾驶疲劳

货运驾驶员长时间在驾驶室内工作，车内空气质量差，如果长时间坐姿不良、行车时间过长、睡眠不足，容易导致驾驶疲劳。一旦出现驾驶疲劳，会导致驾驶员注意力分散、判断力降低、操作失误增加，安全性变差。驾驶员要使用各种方法保持清醒，可以通过在停车休息时活动肢体、眺望远方、喝一杯咖啡、小睡片刻等方法缓解驾驶疲劳。

3. 注意药物的副作用

货运驾驶员服用对神经系统有影响的药物，会引起听力、视力、注意力减退，反应及操控能力下降，动作准确性下降，继续驾驶运输车辆极易发生交通事故。因此，驾驶员服用镇静剂、止痛药、催眠药、兴奋剂等影响神经系统的药物后，不宜进行道路运输活动。

四 反应时间对安全驾驶的影响

货运驾驶员驾驶车辆时，通过视觉、听觉、触觉从交通环境中获得信息，经过大脑处理，作出判断，再支配手、脚操纵车辆。反应时间是指驾驶员从发现险情或危险到采取制动措施，需要一定的时间。应急反应时间是指驾驶员从辨识危险到采取制动的时间。驾驶员的情绪、车辆行驶速度，都会影响驾驶员的应急反应时间，驾驶员情绪剧烈波动时，应急反应能力会下降。

驾驶员反应快，遇到紧急情况可以及时作出准确判断和正确处置，是安全驾驶的积极因素。驾驶员反应慢，遇到紧急情况往往会感到措手不及，是安全驾驶的不利因素。驾驶员的反应能力具体体现在反应时间上，对确保行车安全显得非常重要。反应时间与年龄、驾驶技能和经验有关。随着年龄的增长，反应时间会变短。驾驶技能越熟练、经验越丰富，反应时间会越快。

第六章 防御性驾驶与应急处置

道路上的交通情况瞬息万变，险情随时都会出现。货运驾驶员的防御性驾驶和应急处置能力，直接关系到运输安全。驾驶员在运输中，做到集中注意力、仔细观察和提前预防是具有安全意识的体现。驾驶员在行车过程中，除了注意周围基本状况外，更要通过视觉、听觉所获得的信息来进一步认知和预测可能出现或发生意外的情况，预先采取措施避免事故的发生。一旦危险出现时，驾驶员能够心中有所准备，缩短反应时间，顺利避开危险。

第一节 危险源辨识与防御性驾驶

危险源是可能造成危险或者事故的根源和状态，包括不安全因素、物的不安全因素、道路的不安全因素、行车环境不安全因素。防御性驾驶又称为预见性驾驶，是驾驶员在行车过程中，能够准确的“预见”由其他驾驶员、行人、不良气候或路况而引发的危险，并能及时地采取必要的、合理的、有效的措施避免危险和防止事故发生的驾驶方式。驾驶员掌握危险源辨识与防御性驾驶基本知识，养成提前预判风险的习惯，正确辨识人、车、物、环境的不安全因素，准确的“预见”由其他驾驶员、行人、不良气候或路况而引发的危险，及时地采取必要的、合理的、有效的措施防止事故发生，可以避免或减少事故率，确保货物运输安全。

驾驶货运车辆在道路上行驶，要牢固树立安全意识，自觉遵守交通信号。根据道路、交通和气象情况适时调整车速，运用好危险源辨识与防御性驾驶驾驶方法，提前规避不安全因素，安全地驾驶货运车辆。

一 动视力和视野盲区对安全行车的影响

1. 动视力对安全行车的影响

驾驶货车运行过程中，驾驶员靠眼睛获取的信息占80%以上，视觉对安全驾驶起到非常重要的作用。货运驾驶员的视力包括静视力和动视力。动视力是驾驶员在驾驶车辆行驶过程中的视力对安全行车的影响较大，动视力跟行车速度和驾驶员的年龄有关。驾驶员的动视力随着车速的变化而变化，车速月越高，动视力越低。年龄越大的驾驶员，动视力降低越多。动视力较差的驾驶员，如果不能有意识的控制行车速度，会存在事故隐患，使发生事故的概率增加。

2. 视野盲区对安全行车的影响

驾驶视觉盲区是驾驶员获取路面信息的最大障碍，存在极大安全隐患，容易造成驾驶员的判断和操作失误，导致事故发生。不同视觉盲区的成因与特点不同，对行车安全的影响也不同。车内盲区是驾驶员对车辆周围的情况因为车辆本身而产生的视线盲区，驾驶员在上车起步和停车时，看不到盲区了的情况，容易发生事故。车辆两侧后方的盲区，在超车、变更车道时，不注意盲区的存在，极易发生剐蹭（碰撞）事故。

案例

一辆重型汽车列车在十字路口等红灯，一辆电动车斜插至汽车列车右前侧，此时绿灯亮了，汽车列车起步，随即撞倒并碾轧电动车，造成电动车驾驶员当场死亡，乘客受伤。造成这起事故的原因为汽车列车起步前没有仔细观察，电动车不按车道行驶。

二 不同行驶状态下危险源辨识与防御性驾驶

1. 车辆检查

车辆技术状况不良，存在制动、转向、照明信号装置、车辆悬架、减震系统、仪表、轮胎、安全装置失效等故障隐患及货物装载不规范、不牢固，都会引发交通事故或者运输事故。货运驾驶员要做好出车前、行车中、收车后的车辆检查。出车前，要检查车辆的技术状况、安全部位和货物装载等情况，发现安全隐患及时排除。运输中停车休息时，需要检查车辆有无漏油、漏水、漏气现象，胎压是否正常，胎面有无异物，发动机、制动鼓有无过热现象。收车后，需要检查车辆、清洁车辆、记录车辆行驶情况。

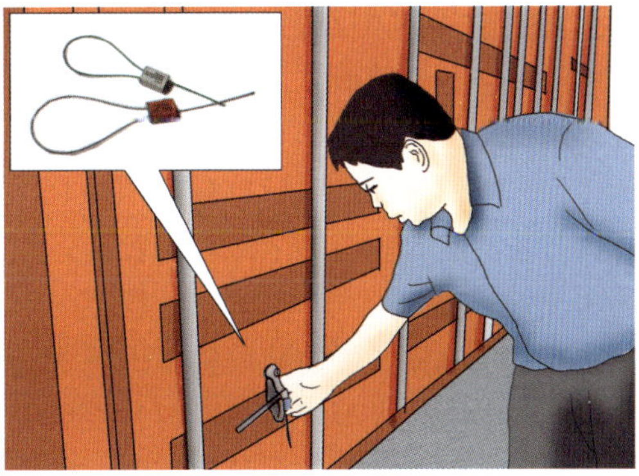

案例

汽车列车驾驶员发现半挂车制动有问题，告知了车主，但车主并未进行检修。数天后，该驾驶员驾驶这辆汽车列车运输起重机部件（货物超载且捆绑固定存在隐患）在高速公路上行驶，行经一处长17公里的长下坡路段时，驾驶员频繁使用行车制动减速，加上车辆制动本身有问题，导致车辆制动失灵，之后途经4处避险车道，但驾驶员并未采取紧急避险措施，失控的汽车列车疾驰至收费广场附近后与多车发生碰撞，造成多人伤亡、多车受损。造成这起事故的原因为驾驶员明知车辆故障仍上路行驶，车辆超载、货物捆绑不良，下长坡减速操作不当，未采取紧急避险措施。

卫星定位系统车载终端具有实时提供经纬度、速度等定位信息，能在驾驶员超速、疲劳驾驶时自动提醒，具有信息采集和行驶记录等功能。使用卫星定位系统车载终端时，要在行车前后检查终端，收听终端的语音提示，不得自行修理或拆改终端。

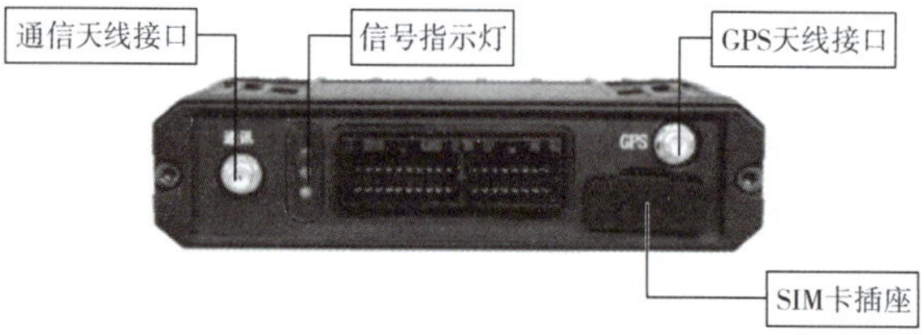

a) 车载终端主机

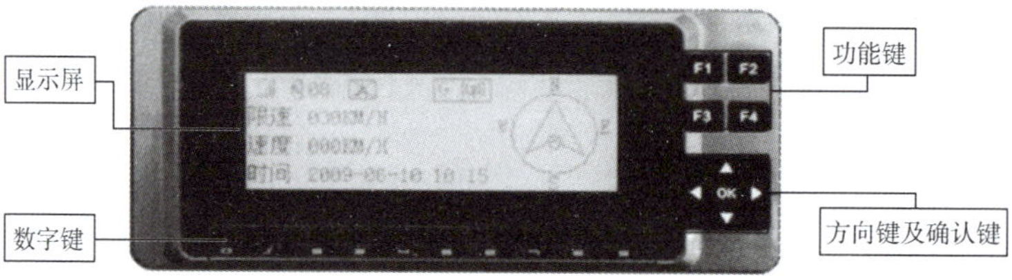

b) 车载终端主机操作面

2. 跟车

驾驶货车跟车时，前方车辆存在随时可能转向、减速或紧急制动等危险。跟行大型货车时，前方车辆是超载的大型货车，存在轮胎爆胎，载货较高阻挡视野，货物苫盖不牢时掉落等危险。驾驶货运车辆跟车时，应预见前车随时可能转向、减速或紧急制动，提前采取措施以确保安全。运输中跟行大型货运车辆时，要增大跟车距离，以防载货较高阻挡视野，货物超载影响轮胎寿命导致爆胎，货物苫盖不牢时掉落的货物导致危险。

案例

陈某驾驶货运车辆跟车行驶，看到前车示意左转时，陈某认为来得及超越前车，于是穿越双实线占用对向车道超车，结果与前车相撞。这起事故应该吸取的教训是：超车前应全面观察路况，前车正在左转时放弃超车，不可跨越双实线超车。

3. 会车

驾驶货车会车时，存在对向来车突然占道行驶，对向来车后方的行人、车辆突然横穿等危险。驾驶货运车辆在道路上会车，要根据双方车辆及道路情况，适当降低行驶速度，选择安全的交会地点，可靠道路右侧行驶。会车时，驾驶员应注意对向来车后方的行人、车辆，以防其突然横穿带来危险。缺乏安全会车条件时，货运驾驶员应该减速，必要时停车让行，不能盲目会车。

4. 超车与让超车

驾驶货运车辆超车时，存在前车不让行、让速不让路、让路不让速或让路后突然向左行驶等危险。驾驶货运车辆超车，要选择道路宽直、视线良好、对面无来车且道路两侧均无影响超车障碍物的路段进行。确需借道超车时，驾驶员应该判断是否有足够的时间、空间完成超车，能否与被超车辆拉开安全距离后驶回原车道。准备超车时，应该提前开启左转向灯、鸣喇叭，夜间变换远近光灯提示前车。超车后，应与被超车拉开安全距离后打转向灯驶回原车道。

驾驶货运车辆运输中，发现后车示意超车，如果条件允许，驾驶员应该及时减速靠右让行，不得加速不让后车超越或者加速向右变更车道。

5. 变更车道

驾驶货运车辆变更车道，存在两侧的车辆加速行驶、对向车违法占道、前方车辆突然变道等危险。驾驶货运车辆变更车道时，要注意观察道路两侧和后方道路交通情况，确认安全后提前开启转向灯，逐渐变更车道。变道结束后，应及时关闭转向灯，以免给其他车辆传递错误信号。

案例

一辆大型货运车辆驾驶员看到前车减速，便向右侧变更车道，没有发现右侧盲区内正好有一辆小型客车，导致两车碰撞。这起事故应该吸取的教训是：变更车道前，提前开启转向灯提醒其他车辆，仔细观察，注意盲区内是否有车辆行驶，确保安全后再进行后续操作。

6. 转弯

驾驶货运车辆转弯，存在对面有车辆或行人占道行驶、转弯后轮驶出路面或碰擦行人和车辆等危险。驾驶货运车辆转弯时，要提前降低车速，注意观察弯道或路口的交通情况。驾驶大型货运车辆转弯时，要注意前后轮之间的内轮查，确保前轮通过后，能给后轮留有足够的余量，避免造成后轮驶出路面或剐蹭行人和车辆。转弯时要正确使用转向灯，不得开启转向灯后立即转弯。

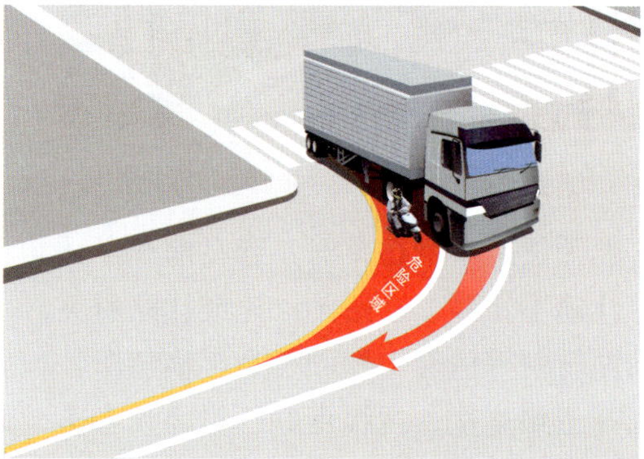

案例

一辆大型货运车辆在路口右转时没有发现旁边直行的电动车，结果将电动车卷入车底，导致骑车人死亡。这起事故应该吸取的教训是：在路口右转时应特别注意右侧的盲区及内轮差。

案例

一辆重型汽车列车在驶近十字路口时，驾驶员发现信号灯变为红灯，但未减速行驶，而是继续行驶进入路口内，随后拦腰撞上交叉方向上正常通过路口的公交车，造成人员伤亡。这起事故应该吸取的教训是：通过十字路口，要提前减速，观察路况，观察是否有违法通行的人和车，红灯亮时应停车等待。

7. 掉头

驾驶货运车辆掉头，存在妨碍车辆和行人正常通行、有车辆突然从左侧超越、对向有加速驶来的车辆等危险。驾驶货运车辆掉头时，要根据道路条件或交通情况，尽量选择车流量少、道路较宽、能一次完成掉头且允许掉头的路段进行，选择的掉头路段不得妨碍正常通行的车辆和行人。掉头时，提前开启左转向灯，严格控制车速，不妨碍其他车辆正常行驶，不得在禁止左转弯的路口掉头。

8. 倒车

驾驶货运车辆倒车，存在车后方和盲区内有玩耍的儿童、突然通过的行人、及他妨碍倒车障碍物等危险。驾驶货运车辆倒车前，要在车下检查车辆盲区和死角，排除不安全因素，确认倒车安全。运输中需要倒车时，应该下车检查确认安全，保持较低车速倒车，发现危险立即停车，确保倒车安全。

二 典型道路环境下危险源辨识与防御性驾驶

典型道路包括通过立交桥、桥涵、隧道、铁路道口，山区道路、城乡接合部、乡村道路、高速公路等。典型道路条件下，交通情况复杂，随时需要应对意外情况和险情，要求驾驶员技术高、经验丰富，具备能够随时处理各种复杂情况的能力。

1. 通过桥梁

驾驶货运车辆通过桥梁，存在桥面有损坏时车辆、行人突然占道或绕行的危险；冬季桥面有结冰或积雪，跨海大桥上有强烈横风等危险。驾驶货运车辆通过桥梁时，驾驶员应该注意观察桥头的交通标志和提示，观察路况，条件允许时安全通过。不得提高车速，抢在其他车辆前上桥。要避免在窄桥上会车、制动和停车。在跨海大桥上遇到强烈横风时，驾驶员应该双手握稳转向盘，合理控制车速，与并行车辆保持安全的横向距离，不得加速通过。通过险桥等危险地段，发现对面来车时停车等待，避免在危险地段会车。发现前方路段有危险时，要下车查明情况，确认安全后尽快通过，确认不能通过时向企业报告后绕道。

2. 通过隧道

驾驶货车进入隧道驾驶，存在车载高度超过限制高度、隧道内照明条件差、隧道内有故障车、隧道口有横风或行人横穿、进出隧道明暗变化造成驾驶员出现暂短“失明”等危险。驾驶货运车辆驶入隧道前，驾驶员应该注意限高、限速标志，选择绿灯亮的车道行驶，距隧道约100米处，提前开启前照灯。遇前方有缓慢行驶的车辆，应跟车行驶，不得超越。在照明条件不良的隧道跟车行驶，跟车距离应适当增加。

驶离隧道时，为了降低横风和明适应的影响，驾驶员应该严格遵守限速规定，双手握稳转向盘，警惕隧道口有人横穿，不得加速通过。驾驶货运车辆在隧道内出现故障必须临时停车时，应尽量停在隧道内专门的避险区，不得在隧道内中央隔离带、隧道的进口或出口停车。

案例

一名驾驶员驾驶货运车辆在隧道内借道超车时，与迎面驶来的小型客车碰撞，导致人员伤亡。造成这起事故的直接原因是货运车辆驾驶员隧道内违法超车。

3. 通过铁路道口

驾驶货运车辆通过铁路道口，存在车辆道口内发动机突然熄火、有列车通过、铁路对面道路车辆拥堵等危险。驾驶货运车辆通过铁路道口时，驾驶员应该提前换入低挡，低速平稳通过道口，不得在道口内减挡或者加速通过道口。通过铁路道口，发现栏杆刚开始下降时，应及时在停止线前停车，不得加速通过。

案例

某货运车辆在无人看守的铁路道口与一列火车相撞，导致货运车辆驾驶员受伤，火车脱线。道口处设有安全警示，火车经过时也会鸣笛，但货运车辆驾驶员仍然抢道行驶，导致事故发生。这起事故应该吸取的教训是：通过无人看守的铁路道口时应该做到“一停、二看、三通过”，严禁与火车抢行。

4. 通过城乡接合部

驾驶货运车辆通过城乡接合部，存在通行混乱、摊位站机动车道、经常会出现行人、自行车突然横穿道路等危险。驾驶货运车辆通过城乡接合部时，驾驶员应该根据道路特点，考虑到各种不安全因素，注意观察路边行人、非机动车动向，避开占路摊位。遇路口时减速让行，必要时停车避让，不得频繁鸣喇叭或者加速通行。

5. 乡村道路行车

驾驶货车进入乡村道路，存在道路等级相对较低、路窄且路面缺乏养护、照明条件差、行人和非动车占道通行、路边有放牧的牲畜和其他野生动物随时横穿等危险。驾驶货运车辆在乡村道路行驶时，驾驶员要注意观察道路上的各种动态，警惕随意穿行的人或动物。遇到行人横过道路时，驾驶员应该减速慢行或停车让行，不得鸣喇叭后从左、右两侧超越。

通过乡村扬尘路段时，应低速慢行，必要时可以开启车灯、鸣喇叭示意。遇到畜力车或者路边有放牧的牲畜、穿行的其他动物，不得鸣喇叭，要减速并随时准备停车。

案例

一辆重型货运与一辆轻型客车相向同时接近乡村弯道，两车车速都较快，在转弯处会车时因避让不及碰撞在一起。这起事故应该吸取的教训是：在弯道会车时，不得越过道路中心线，应合理控制车速，注意对向盲区是否有车，适时鸣喇叭。

6. 山区道路行车

驾驶货运车辆进入山区道路行驶，存在道路弯多、坡多、路险、气候多变、复杂情况多，可能会出现滑坡、塌方、泥石流路段等危险。驾驶货运车辆进入山区道路行驶前，驾驶员应该提前了解山区气象条件，提前检查车辆制动、转向性能，确保车辆技术状况良好。通过山区道路时，驾驶员应时刻关注车辆的制动效能，防止出现制动失效。转弯、会车和下坡时，降低车速。上陡坡时，驾驶员应该根据路况选择合适挡位，不得紧紧跟在前车后面爬坡。在长下坡路段行驶，要使用缓速器或开启排气制动控制车速，避免频繁使用行车制动，严禁空挡滑行。通过经常发生塌方、泥石流的路段，应在确认安全后尽快通过。

案例

货运车辆驾驶员驾车以70公里/小时的速度通过山区弯道时，车辆失控冲出路面撞上路边土包，导致车头严重变形，驾驶员被困驾驶室。造成这起事故的主要原因是驾驶员超速。

7. 高速公路行驶

驾驶货运车辆进入高速公路行车，存在车速快、交通环境单一，容易感到枯燥、松懈或困倦、容易疲劳、客货车不按照限速规定选择行驶车道、燃油消耗补充错过服务区、经常会有施工路段等危险。驾驶货运车辆驶入高速公路前，驾驶员应了解天气情况、道路通行状况、提前熟悉行驶路线、检查车辆安全状况等准备工作。驾驶货车在高速公路行驶，要保持精力充沛，注意力集中，感到枯燥、松懈或困倦尽快到服务区休息。根据燃油消耗情况，提前选择补充燃油的服务区。行驶中正确选择行车道，避免在超过限速规定的车道行驶。通过施工路段或者在施工现场，按照道路标志或者施工人员指挥通过。

案例

一辆大型客车在站外招揽乘客后驶入高速公路，连续行驶6小时后，客车突然穿越中央隔离带进入对向车道，与一辆运输环己酮的汽车列车发生碰撞，导致多人伤亡、汽车列车运载的环己酮泄漏。经调查发现，汽车列车所属危险货物运输企业并没有运输环己酮的资质。这起事故中的违法行为有大型客车站外揽客、大型客车驾驶员疲劳驾驶、汽车列车超越许可范围运输危险货物。

在高速公路上超车时，不得超过最高限速。遇到其他车辆从左侧或右侧超越时，驾驶员应该握稳转向盘，必要时减速，不得紧急制动或者急转转向盘躲避。被小型客车超越后，为预防其突然并线，驾驶员应该提前轻踩制动减速，不得急转转向盘。

在高速公路上遇到施工路段，驾驶员应该遵守限速规定提前减速，不得加速通过施工路段或者在施工现场前紧急制动。车辆在高速公路上发生故障需要临时停车时，驾驶员应该开启危险报警闪光灯，按规定放置警告标志，拨打救援电话，在护栏外等待救援。

案例

某大型货运车辆在高速公路上行驶时，车辆突然出现故障，驾驶员靠边停车检查，但没有采取警示措施，随后后方一辆货运车辆撞了上来，导致两车受损。造成这起事故的原因是故障车驾驶员未采取警示其他车辆的措施，后车驾驶员未仔细观察路况。

三 恶劣气象条件下危险源辨识与防御性驾驶

恶劣气象条件包括雾天、雨天、雪天、高温天气等情况。在恶劣气象条件下行车，能见度低，视线不良，稍有疏忽或是操作错误，都容易引发交通事故。

1. 雾天行车

驾驶货运车辆雾（霾）天行车，存在能见度低、前方车辆突然制动、对面来车不按规定使用灯光或占道行驶、路边有非机动车、行人占道通行等危险。驾驶货运车辆在雾天行驶时，驾驶员应该开启近光灯、雾灯、示廓灯、前后位灯和危险报警闪光灯，合理控制车速，增大跟车和会车间距，注意避让非机动车和行人，适时鸣喇叭，能见度过低时在安全地点停车。高速公路遇能见度低于10米的大雾时，降低车速至5公里/小时以下，尽快从最近的出口驶离高速公路，不得在高速公路中继续行驶。

2. 雨天行车

驾驶货车雨天行车，存在路面湿滑、车辆制动效能降低，行人、非机动车混乱通行，路面积水发生“水滑”现象等危险。驾驶货运车辆在雨天行车，要控制行驶速度，为避免“水滑”现象，驾驶员应该降低车速，跟车行驶要保持干燥路面1.5倍以上的距离。行车出现“水滑”现象时，驾驶员应该握稳转向盘，松抬加速踏板，避免紧急制动。雨天涉水行驶后，为恢复制动器工作效能，驾驶员应该轻踩制动踏板，以恢复制动效能。

案例

某雨天，一辆空载重型汽车列车以93公里/小时左右的速度在湿滑的高速公路上行驶，驾驶员采取制动时，牵引车（第一轴制动气管未连接）侧滑，半挂车（长30.55米、宽2.525米、高4.1米）由于制动滞后而继续向前，造成牵引车和半挂车弯折，车辆失控冲破中央隔离护栏驶入对向车道，与对向三辆小型客车发生碰撞，导致多人伤亡。造成这起事故的直接原因是牵引车不符合技术条件、半挂车外廓尺寸超过规定限值、驾驶员雨天超速行驶。

3. 雪天行车

驾驶货车雪天行车，存在积雪覆盖路面、压实或结冰路面滑溜、操作不当会出现侧滑或翻车等危险。雪天驾驶货运车辆在积雪路面行驶时，有条件的要安装防滑链，低速平稳行驶，积雪覆盖路面找好参照物，有车辙的路段沿车辙行驶，在路面积雪压实或结冰路段要低速度行驶。减速时，驾驶员应该轻踩制动踏板，同时控制车辆行驶方向。发现前方路面大面积结冰，应寻找安全地点停车，不得紧急制动立即停车或者加快车速继续行驶。

4. 高温天气行车

驾驶货车高温天气行车，存在驾驶疲劳、轮胎胎温和胎压发生变化、发动机温度升高等危险。驾驶货运车辆在高温天气行车，驾驶员要充分休息，保证有充沛的精力。行车中要注意观察仪表，检查胎温和胎压的变化。发现冷却液温度表读数达到100摄氏度时，及时停在安全地点降温，停车后不得马上补充冷却液。发现轮胎温度过高，停在阴凉处降温，不得采取给轮胎放气或向轮胎浇凉水的方法降温。运输中感到疲劳时，驾驶员应该用正确方法缓解疲劳，例如在安全地点停车休息，不得勉强坚持驾驶。

四 夜间危险源辨识与防御性驾驶

夜间行车，有很多潜在的危险因素，由于夜间车灯的照射范围和亮度有一定限度，驾驶员的视线受到限制，遇到突发情况，反应和处置的时间相对较短，危险性大。会车时，两车灯光交汇处会出现盲区，对面来车不关闭远光灯会影响观察。

1. 夜间会车

夜间驾驶货运车辆在无中央隔离、照明不良的路段会车时，驾驶员应该离对向来车150米时改用近光灯，对向来车使用远光灯时不直视强光，不得持续使用远光灯或提高车速快速完成会车。对方持续使用远光灯时，驾驶员应该避免直视其灯光，必要时停车让行，不得开启远光灯。会车时要特别注意两车灯光交会处的盲区。

案例

夜间，某货运车辆在无照明路段不慎撞到路边花坛，导致车辆受损、驾驶员自己受伤。这起事故应该吸取的教训是：夜间通过无照明路段时，应该降低车速，正确使用灯光，注意观察人、车、物及道路情况。

2. 夜间跟车

夜间驾驶货运车辆行驶时，要控制好，确保车辆的制动距离在前照灯照射范围内。跟车行驶要保持比白天更大的距离，距前车150米以内使用近光灯。发现路旁停有车辆或自行车时，注意观察动态变化，随时准备避让危险行为。

案例

夜间，某故障货运车辆停在照明不良的路边，没有任何灯光、警示标志，一辆电动车经过时撞上了货运车辆，导致骑车人伤重而亡。这起事故应该吸取的教训是：夜间在路边临时停车时应该选择安全的停车地点，停车后开启危险报警闪光灯、示廓灯，按规定放置警告标志，不得随时随地停车。

第二节 道路货物运输应急处置

货运驾驶员在运输过程中，会遇到各种危险情况。防御性驾驶理念要求驾驶员规范操作，避免主动引发事故；宽容礼让，避免卷入被动性事故。驾驶货运车辆运输中遇到紧急情况，驾驶员应坚持沉着冷静、心态良好，及时减速、控制方向，先人后物、避重就轻的原则。

一 紧急情况避险

险情的出现一般都较为突然，驾驶员遇到险情时保持头脑清醒，情绪镇定，不惊慌，是做好避险的先决条件。运输中遇到紧急情况，避险时应优先考虑人的安全，之后是货物的安全，即先人后货。尽量避开损失较重或危害较大的一方，以减轻事故的后果。

1. 紧急情况处置

驾驶货运车辆在运输中发生紧急情况时，最有效的方法是及时减速，控制方向，尽快停车。采取应急措施的同时，驾驶员可通过开启危险报警闪光灯、变换远近光灯、连续鸣喇叭、必要时打手势的方式提醒其他交通参与者躲避。遇到紧急情况需要转向避让时，驾驶员应该向危害较小的一方避让。低速行驶时突然发现前方有障碍物，在条件允许的前提下应该转向避让同时减速。

2. 发动机突然熄火应急处置

驾驶货运车辆在运输中发动机突然熄火，若再次起动成功，驾驶员应该将车驶向路边安全地点，停车进行检修。若不

能再次起动，驾驶员应该迅速开启右转向灯，利用车辆本身的惯性，将车缓慢驶向路边停车，开启危险报警光灯，检查故障原因。

3. 转向突然失控应急处置

驾驶货运车辆在运输中发现转向阻力突然增大，但还可以转向时，驾驶员应在保证安全的前提下握稳转向盘，及时减速，选择安全地点停车，查明原因。直线行驶转向突然失控时，驾驶员应该松抬加速踏板，缓踩制动踏板，视情使用驻车制动器辅助制动，尽快停车。

4. 制动突然失灵应急处置

驾驶货运车辆在平直路段行驶制动突然失灵时，驾驶员应沉着冷静，在控制好方向的前提下，立即松抬加速踏板，抢挂低速挡减速，使用驻车制动减速、停车。使用驻车制动器辅助制动时，不可将操纵杆一次拉紧。下长坡发现货运车辆制动效能减弱时，驾驶员应该利用避险车道停车。

5. 轮胎突然发生故障应急处置

驾驶货运车辆超速行驶、胎压过低或过高、轮胎磨损严重、车辆超载等因素，会导致轮胎漏气或爆胎。运输中轮胎突然发生故障，驾驶员应该松抬加速踏板，握稳转向盘，控制车辆保持直线行驶，不得向相反方向急转转向盘或急踩制动踏板。

驾驶员在运输中发现轮胎漏气时，应该平稳制动减速，握稳转向盘，驶离行车道，选择安全地点停车。运输中前轮突然爆胎时，驾驶员应该双手握稳转向盘，尽量控制方向，控制方向后反复轻踩制动或减挡，避免紧急制动和急转转向盘。

案例

某货运车辆行至高速公路下坡弯道路段时，前轮突然爆胎，驾驶员操作不当导致货运车辆侧翻，货物受损。避免类似事故的做法是：做好轮胎检查和维护，不超速超载，遵章守法驾驶。

链接

货运车辆超载的危害和后果

货运车辆超载导致的后果有制动距离延长，爬坡更加困难，下坡速度加快。货运车辆超载运输的危害是加重车辆负担，加快车辆磨损，严重损坏公路基础设施，扰乱道路运输市场秩序，危害人民生命财产安全。

6. 货运车辆起火应急处置

货运车辆意外起火时，驾驶员应该尽量驶离加油站、高压电线等易燃易爆的地段，设法灭火。发动机起火时，驾驶员要迅速关闭发动机，尽量不打开发动机舱盖，从车身通气孔、散热器及车底侧进行灭火。油箱起火时，可以用车载灭火器，沙土，浸湿的厚布、纯棉工作服棉灭火。货运车辆因碰撞起火，驾驶员应该首先抢救伤员。

发现货物起火，驾驶员应该拨打救援电话，将车驶离闹市区等人员密集场所，有条件时将起火的货物卸下，采取各种措施尽量灭火。救火时，货运驾驶员应脱去化纤服装，注意保护裸露的皮肤，将灭火器对准火源根部灭火。货运车辆有爆炸隐患时，应及时采取措施消除隐患，如果爆炸已不可避免，可撤离到安全地带。

7. 高速公路险情应急处置

驾驶货运车辆驶入高速公路前，要了解高速公路的通行状况、天气情况，提前熟悉行驶路线和出口位置，并检查车辆安全状况。进入高速公路行车道前，将车速提高到60公里/小时以上；以低于60公里/小时的车速行驶，容易引发追尾碰撞。在高速公路上行驶，突然发现前方有遗撒物品时，应果断采取制动减速措施降低撞击力，不得急转方向避让。高速公路行车遇到紧急情况临时停车后，驾驶员应在护栏外等待救援。

案例

某高速公路上发生了碰撞事故，一辆货运车辆驾驶员驾车经过事故现场时看热闹，没注意前方路况，一眨眼工夫连撞了3辆车。造成这起事故的原因是驾驶员注意力分散。

案例

某货运车辆在高速公路上行驶，驾驶员突然发现前方路面上有异物，但已经避让不及，货运车辆撞上异物后侧翻。避免类似事故的做法是，保持15秒以上的观望距离，车速较低时转向避让同时减速，车速较高时不能转向避让，碰撞不可避免时尽量减速，降低撞击力。

8. 自然灾害应急处置

驾驶货运车辆在山区道路行驶时，若旁边的深谷或沟内传来轰鸣或闷雷般的声音时，驾驶员应预见到可能有泥石流等自然灾害发生。运输中突遇泥石流时，向泥石流方向两边的高地逃生，逃生时应注意不要携带重物。运输中突遇地震时，应避开建筑物、电线杆，在开阔地带避震。

二 事故现场应急处置

驾驶货运车辆发生事故时，驾驶员要承担应尽的义务。保护现场，立即报警。有人员受伤时，迅速抢救伤员。有交通事故肇事车辆逃逸时，应记清肇事车辆的车型、颜色、特征及逃逸方向，以及逃逸驾驶员的体貌特征等，以便配合交通警察处理事故。

1. 保护事故现场

发生造成人员伤亡的交通事故，驾驶员应该拨打救援电话，保护现场，设置警告标志，需要保护现场时，将伤员从车内安全转移，避免二次受伤。需要移动现场时，应该标记车辆、伤员位置，标围封闭现场，现场可能被破坏时，遮盖尸体、血迹、制动印痕及现场散落物。事故报警时，需要说明报警人的姓名、联系方式，事故时间、地点，人员伤亡情况，事故车及肇事车详细情况。

2. 伤员救护

发生交通事故，从车中移出伤员或搬运伤员时动作应轻缓，不得用力拖出被压在车下的伤员。抢救伤员时，应该先救命后治伤。

对伤员使用绷带包扎时，绷带不能过紧或过松，否则会使血液循环不良或固定不住纱布。固定伤者的骨折部位时，应固定骨折的两端和上下两个关节，力求稳妥牢固。伤员头、颈部大出血，采取其他止血方法无效时，可采用颈总动脉压迫止血法止血。

肱动脉压迫止血法止血时，压迫点位于上臂内侧动脉血管。

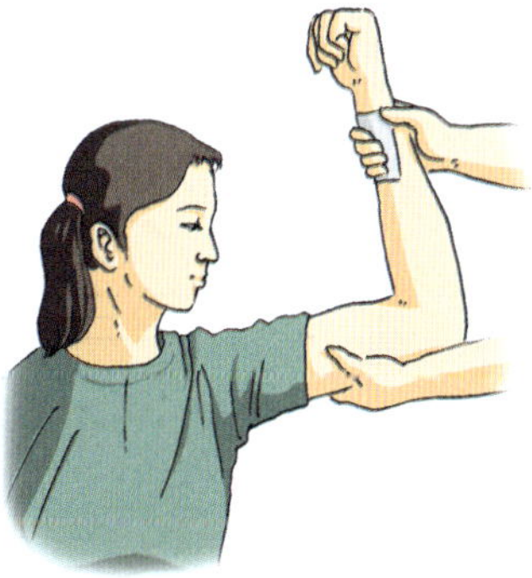

锁骨下动脉压迫止血法可用于治疗伤员腋窝、肩部、上肢部位出血。

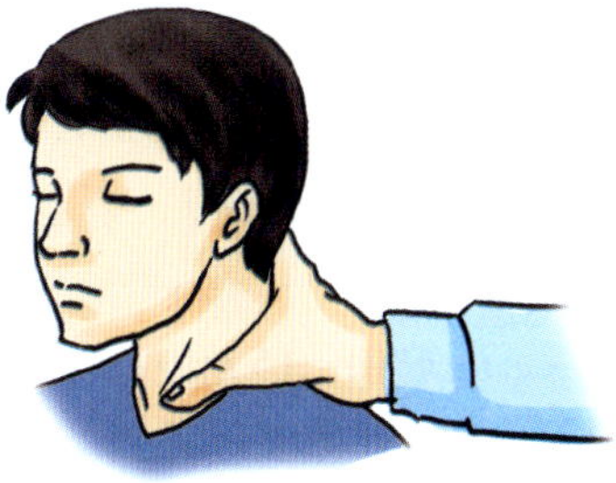

加压包扎止血法可用于治疗伤员静脉、小动脉、毛细血管部位的出血。

使用止血带为伤员止血时，上肢结扎

于上臂上1/3处，下肢结扎于大腿中部，每30~60分钟放松一次止血带。

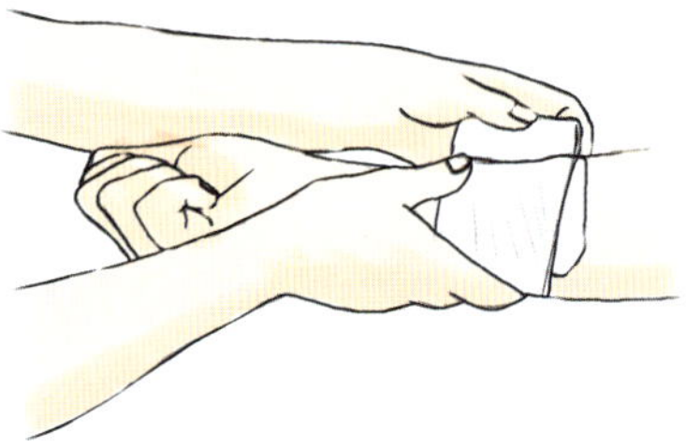

三 疫情防控知识

货运驾驶员要严格遵守交通运输部门的通行规定和相关疫情防控措施。加强学习疫情防控知识，增强防护意识和能力。

上岗前测量体温，并做好自我防护措施；行车前要随车配备必要的防护用品和消毒物品；行车过程中全程佩戴口罩、不与其他人员交谈、时刻保持手部卫生、注意随时通风消毒；收车后要进行手部卫生。

在高速公路服务区、收费站、省界等地点设置的卫生检疫站，服从体温检测，耐心等待。参加应急运输的司乘人员，要做好自身防护，减少感染风险。

第三节 伤员急救

一 指压止血法

用手指压迫伤口近心端的动脉，阻断动脉血流，有效地达到快速止血的目的。指压止血法用于出血多的伤口。

操作要求：

（1）指压动脉压迫点准确；

（2）压迫力度适中，以伤口不出血为准；

（3）压迫10～15分钟；

（4）保持伤处肢体抬高。

1. 颞浅动脉止血

（1）压迫位置在同侧耳前，位于耳屏上方1.5厘米处；

（2）用拇指压迫颞浅动脉止血。

2. 肱动脉止血

（1）压迫点位于上臂中段内侧，位置较深；

（2）在上臂中段的内侧摸到肱动脉搏动后，用拇指按压止血。

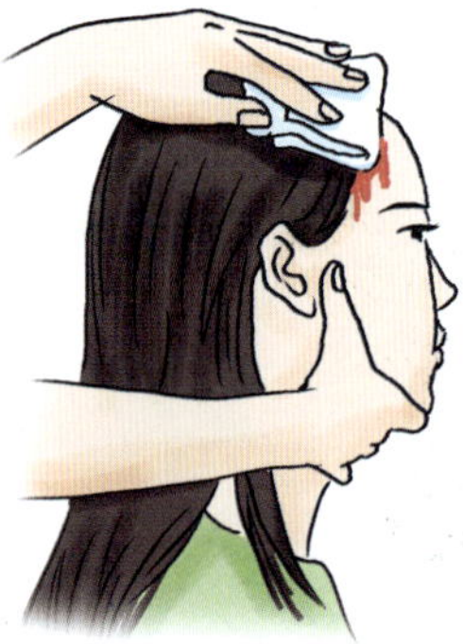

3. 股动脉止血

（1）压迫点在腹沟韧带中点偏内侧下方，能摸到股动脉强大搏动；

（2）用拇指或掌根向外上压迫，用于下肢大出血时止血。

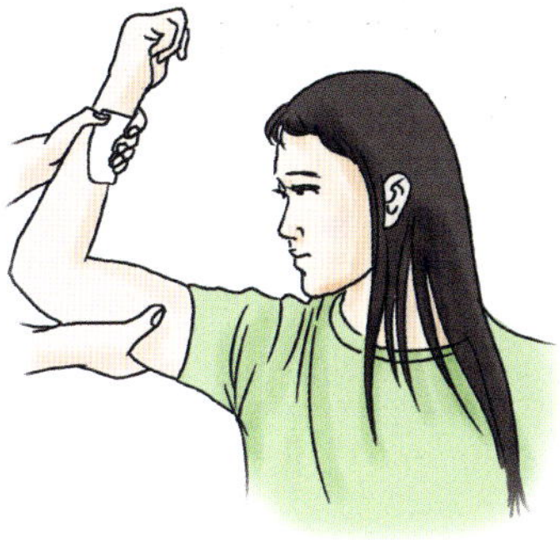

4. 桡、尺动脉止血

（1）压迫点在腕部掌面两侧；

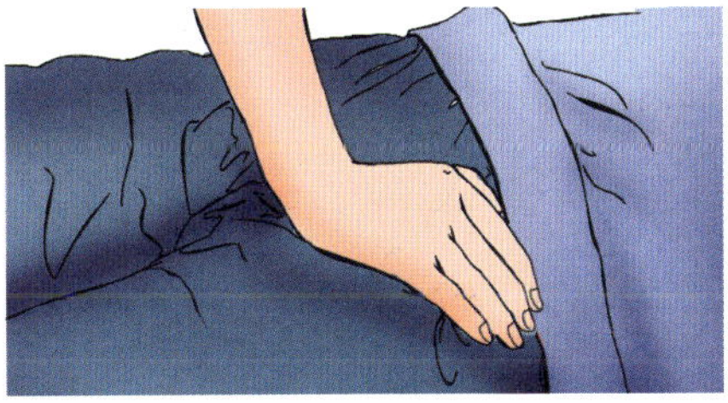

（2）同时按压桡、尺两条动脉止血。

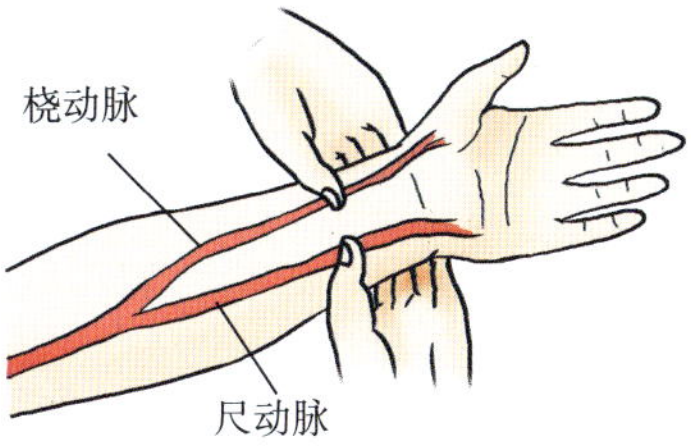

二 加压包扎止血法

用敷料或者其他洁净的毛巾、手绢、三角巾等覆盖伤口，通过加压包扎压迫出血部位进行止血。

操作要点：

（1）让伤员卧位，抬高上肢，检查伤口有无异物；

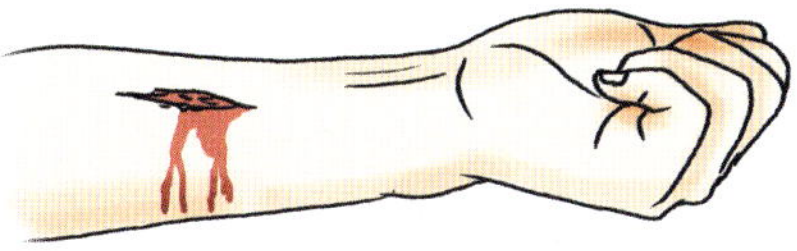

（2）用敷料覆盖伤口，辅料要超过伤口至少3厘米；

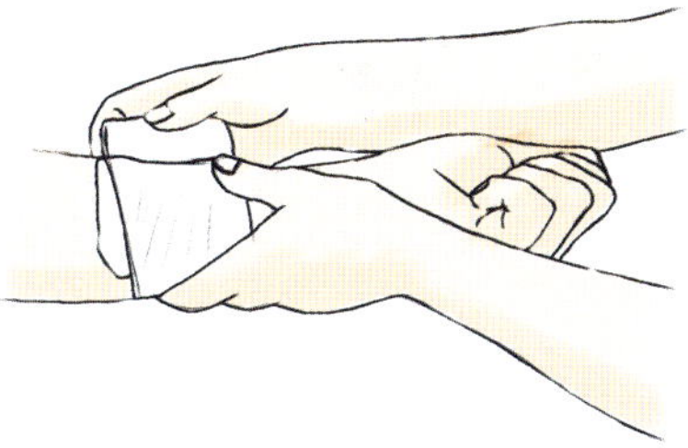

（3）用手施加压力直接压迫,用绷带、三角巾等包扎；

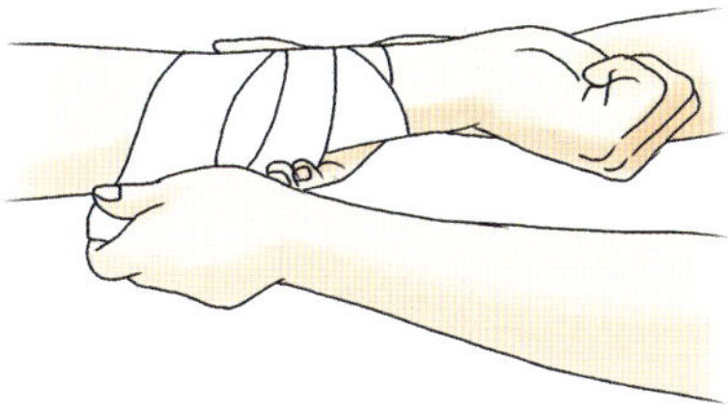

（4）检查包扎后的血液循环情况。

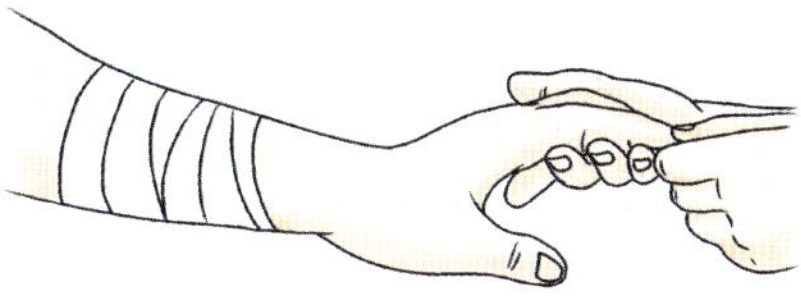

三 加垫屈肢止血

1. 上肢前臂加垫屈肢止血

（1）在肘窝处放置纱布或毛巾、衣物等物；

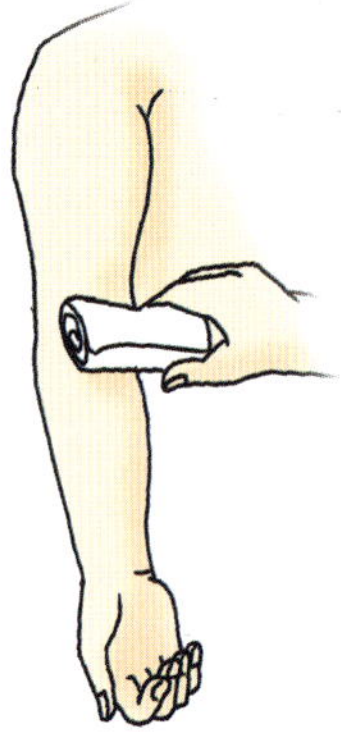

（2）肘关节屈曲，用绷带或三角巾屈肘固定。

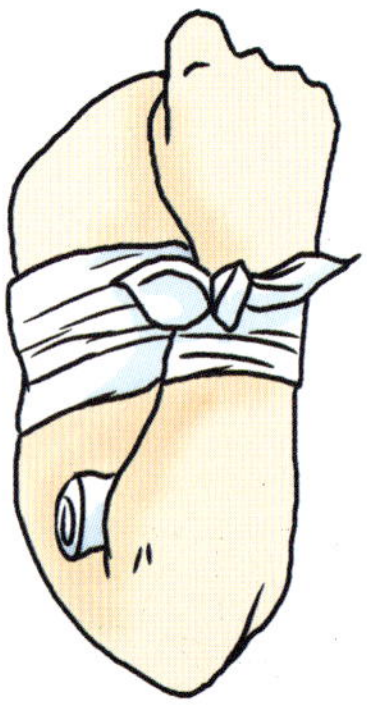

2. 上肢上臂加垫屈肢止血

（1）上臂止血，在腋窝加垫；

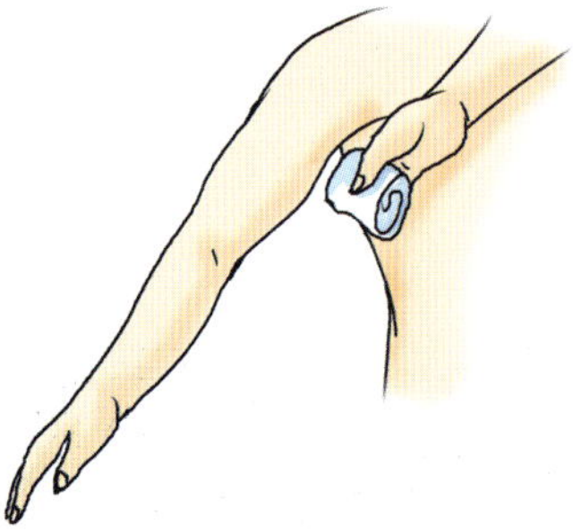

（2）将前臂屈曲于胸前，用绷带或三角巾将上臂固定在胸前。

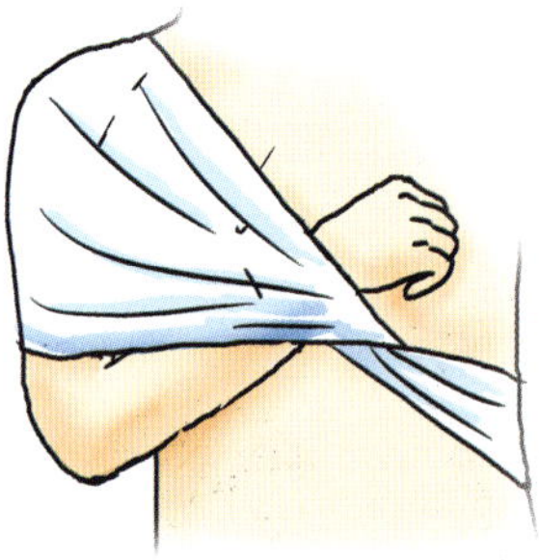

3. 下肢小腿加垫屈肢止血

（1）在腘窝处加垫；

（2）膝关节屈曲，用绷带屈膝固定。

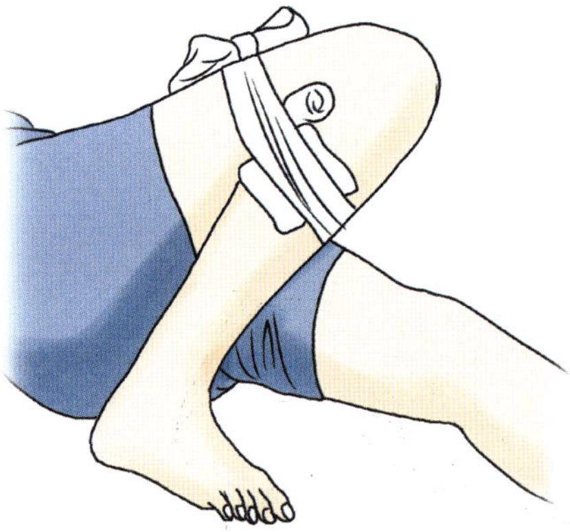

四 绷带包扎法

1. 环形法

（1）用无菌敷料覆盖伤口，用左手将绷带固定在敷料上，右手持绷带卷绕肢体紧密缠绕；

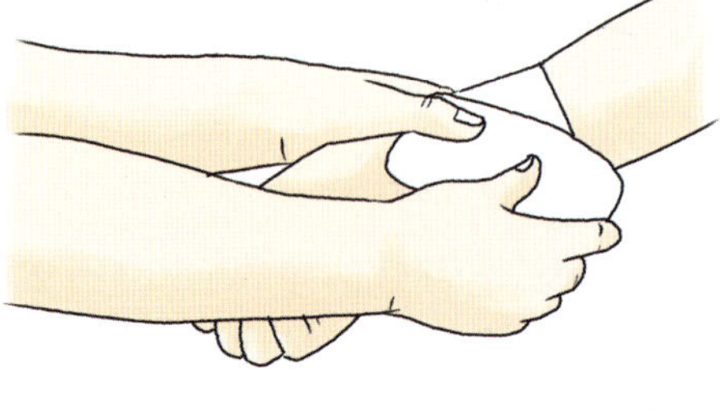

（2）将绷带一端打开稍做斜状环绕第一圈，将第一圈斜出一角压入环行圈内，环绕第二圈；环形缠绕4～5层，每圈盖住前一圈，绷带缠绕范围要超出敷料边缘；

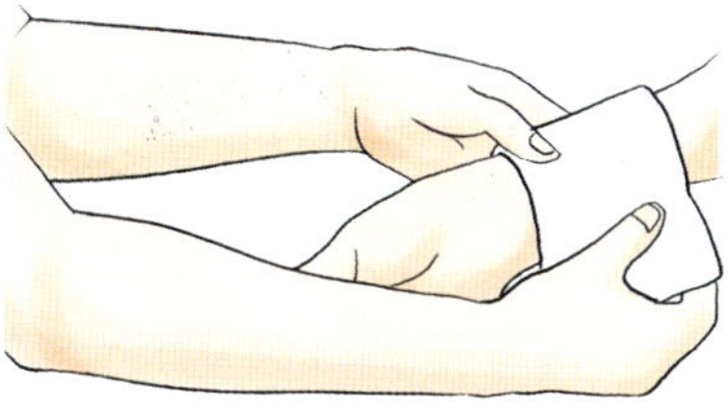

（3）最后用胶布粘贴固定，或将绷带尾部从中间纵向剪开形成两个布条，两布条先打一结，然后将两布条绕体打结固定。

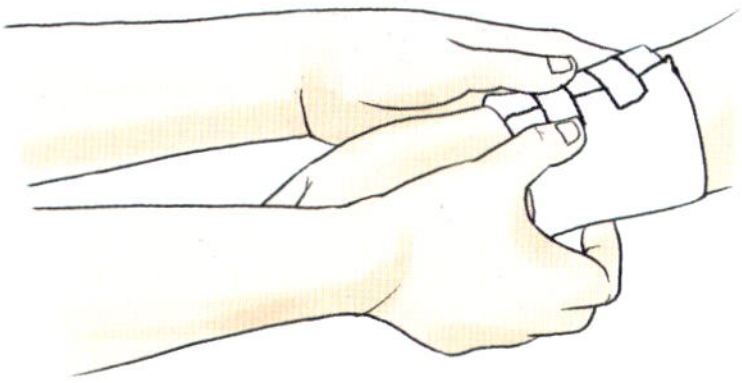

2. 手掌“8”字包扎

（1）用无菌敷料覆盖伤口；

（2）从手腕部开始包扎，先环形缠绕两圈；

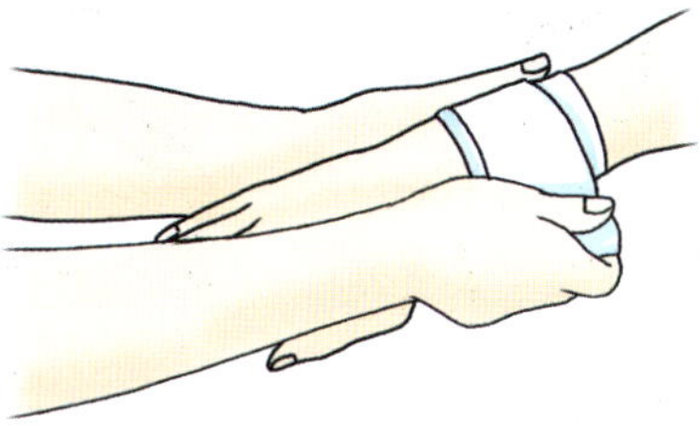

（3）经手和腕进行“8”字形缠绕；

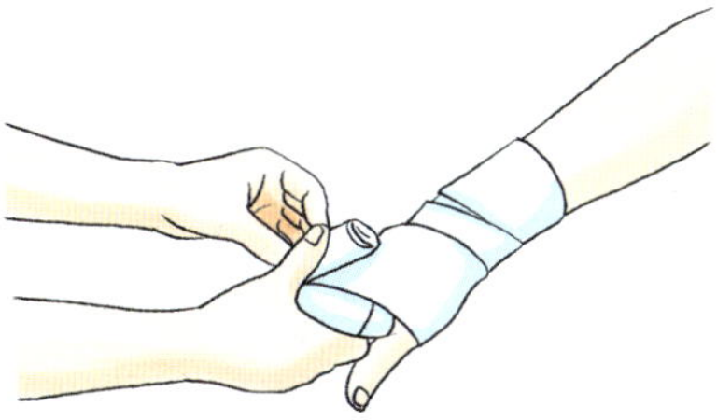

（4）将绷带尾端固定在腕部。

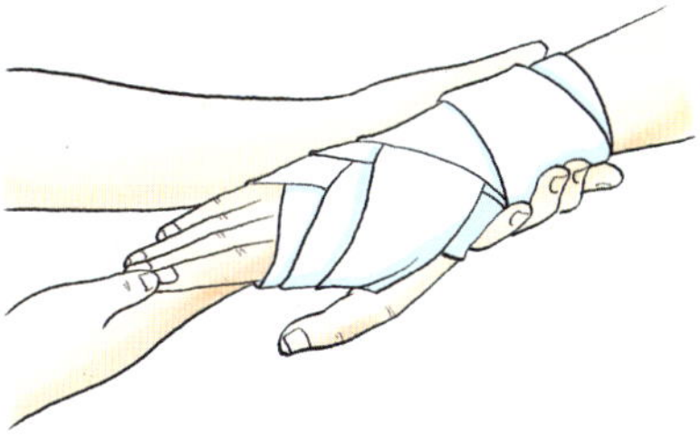

3. 螺旋包扎

（1）用无菌敷料覆盖伤口；

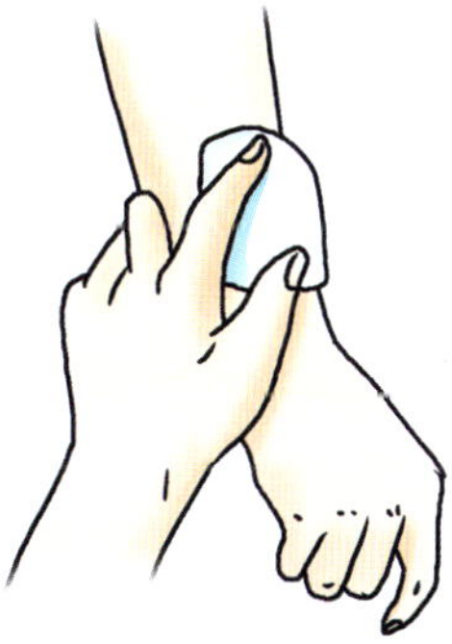

（2）先环形缠绕两圈；

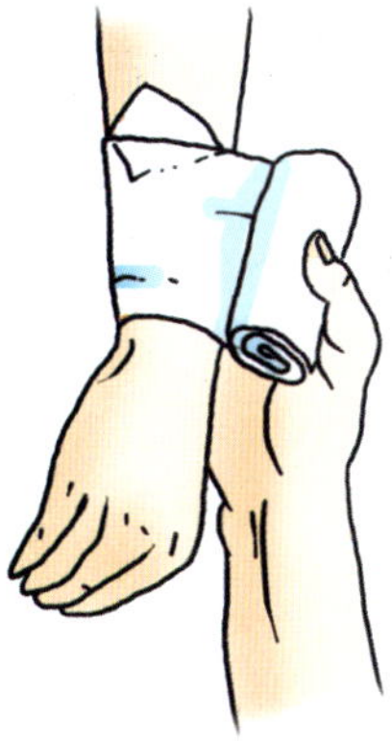

（3）从第三圈开始，环绕时压住上圈的1/2或1/3；

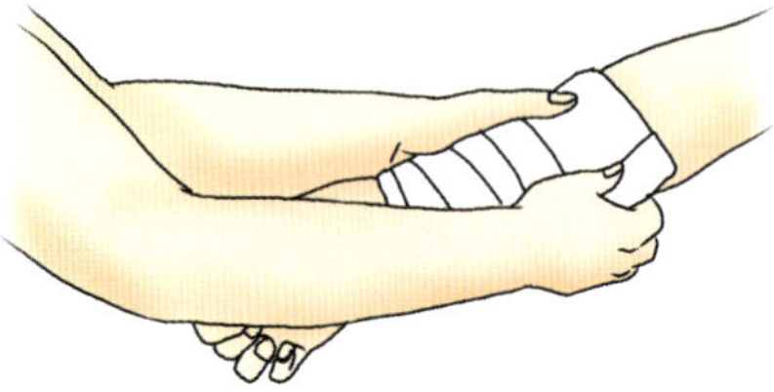

（4）用胶布粘贴固定。

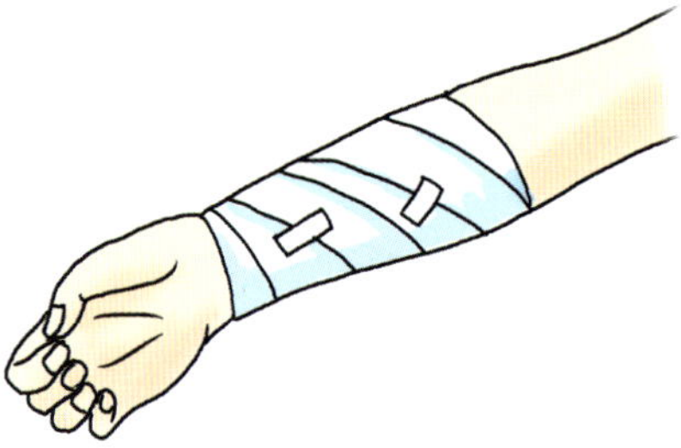

五 三角巾包扎法

1. 头顶帽式包扎

（1）将三角巾的底边叠成约两横指宽，边缘置于伤员前额齐眉，顶角向后位于脑后；

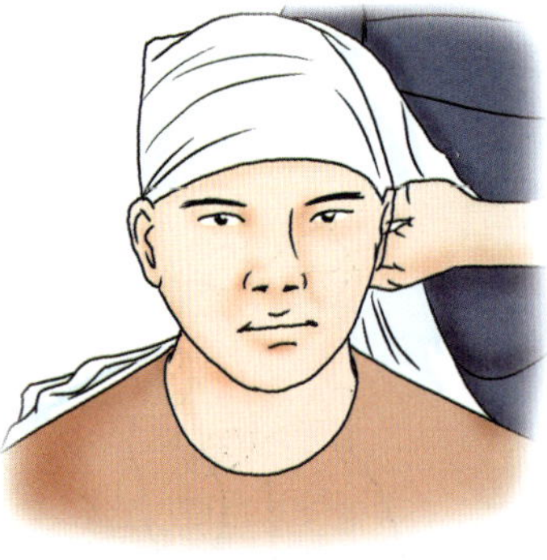

（2）三角巾的两底角经两耳上方拉向头后部交叉并压住顶角，再绕回前额相遇打结；

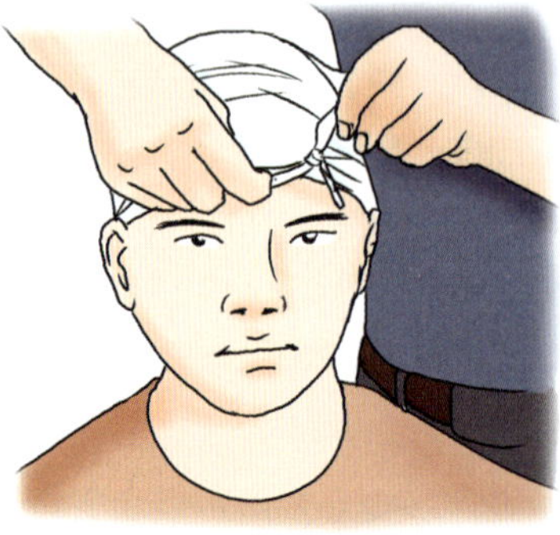

（3）顶角拉近，掖入头后部交叉处内。

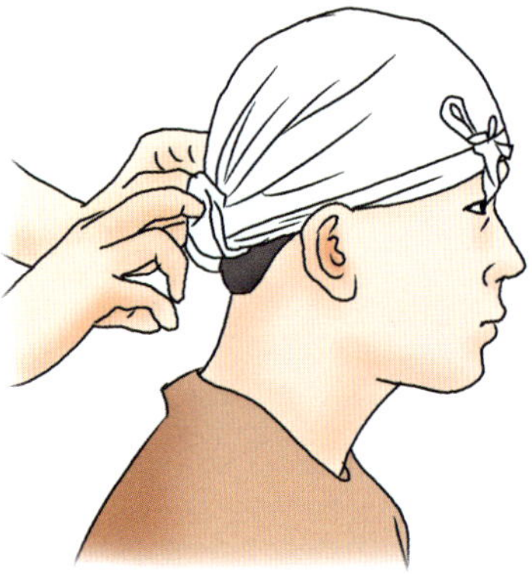

2. 肩部包扎

（1）三角巾折叠成燕尾式，燕尾夹角约90度，大片在后压小片，放于肩上；

（2）燕尾夹角对准侧颈部；

（3）燕尾底边两角包绕上肩上部并打结；

（4）拉紧两燕尾角，分别经胸、背部至对侧腋下打结。

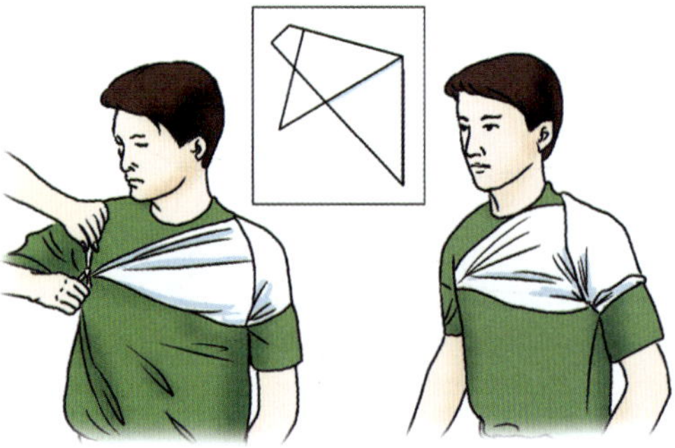

3. 胸部包扎

（1）三角巾折叠成燕尾式，燕尾夹角约100度，置于胸前，夹角对准胸骨上凹；

（2）两燕尾角过肩于背后，将燕尾顶角系带，围胸在背后打结；

（3）将一燕尾角系带拉紧绕横带后上提，再与另一燕尾角打结；

（4）背部包扎时，把燕尾巾调到背部即可。

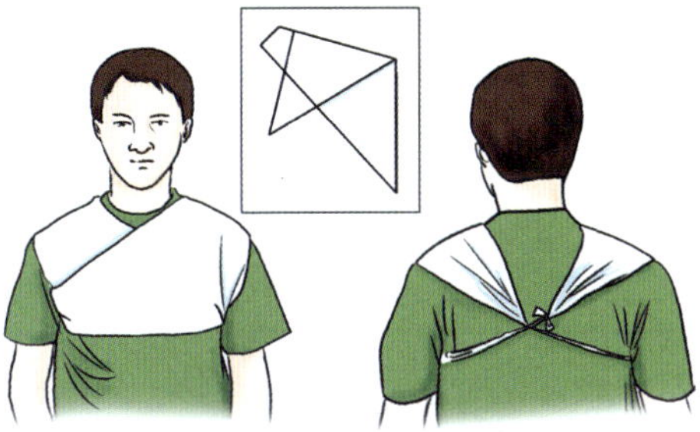

4. 腹部包扎

（1）三角巾底边向上，顶角向下横放在腹部；

（2）两底角围绕到腰部后打结；

（3）顶角由两腿间拉向后面与两底角连接处打结。

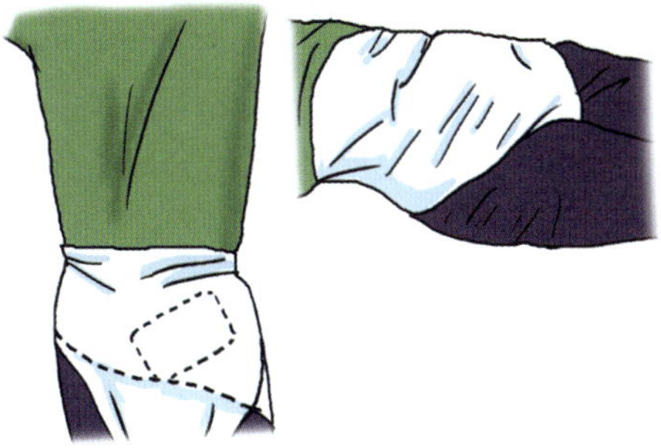

六 骨折固定法

1. 前部骨折固定

（1）将上肢轻放于功能位；

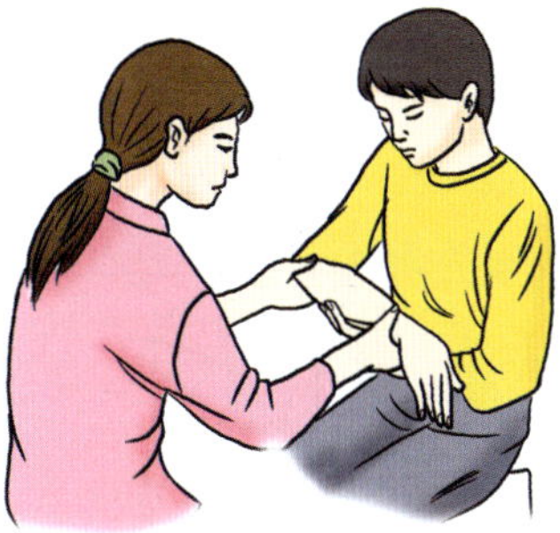

（2）置夹板超过肘腕关节，并在骨凸出处加垫；

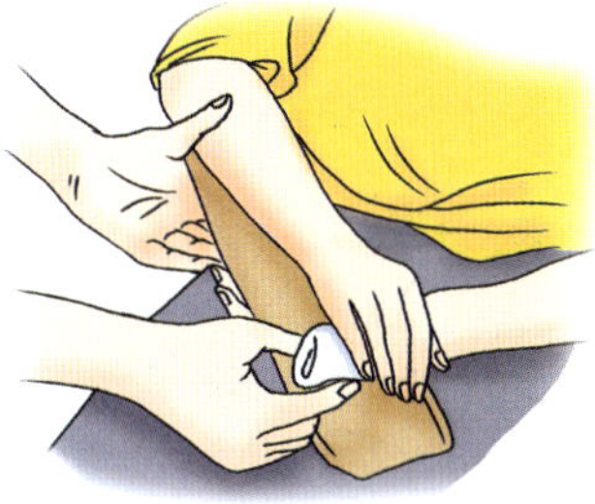

（3）先固定骨折部位上端，再固定骨折下端；

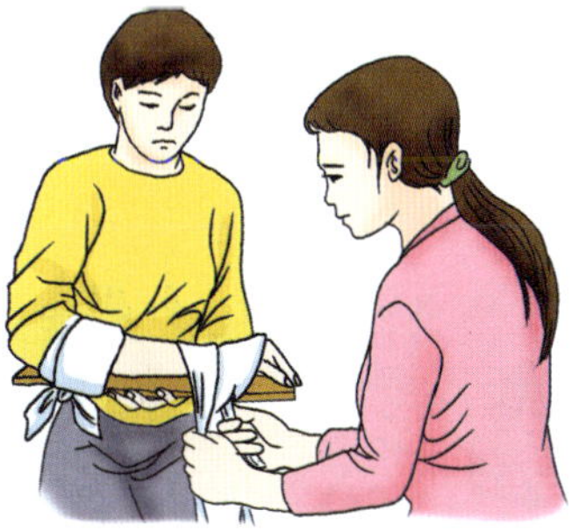

（4）检查手指末梢血液循环情况；

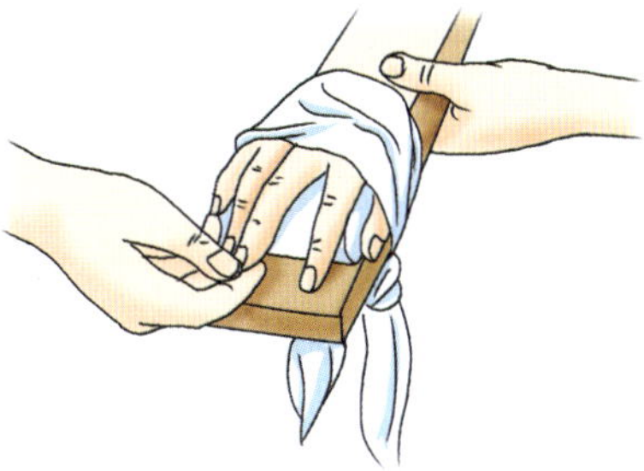

（5）用大悬臂带悬吊前臂。

2. 下肢骨折固定

（1）轻轻抬起伤肢与健康肢并拢；

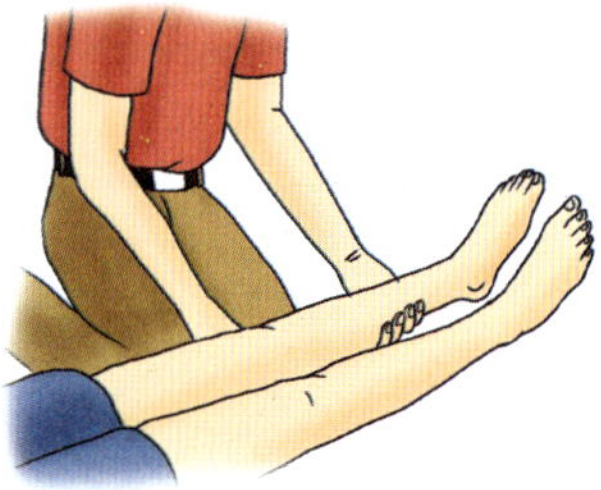

（2）放好宽布带，双下肢间加厚垫；

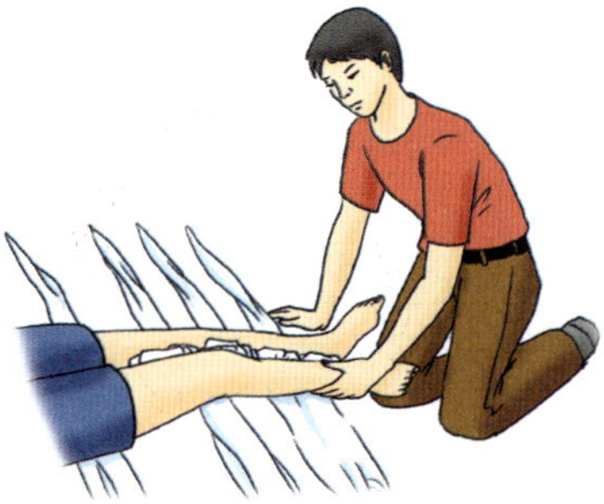

（3）自上而下打结固定；

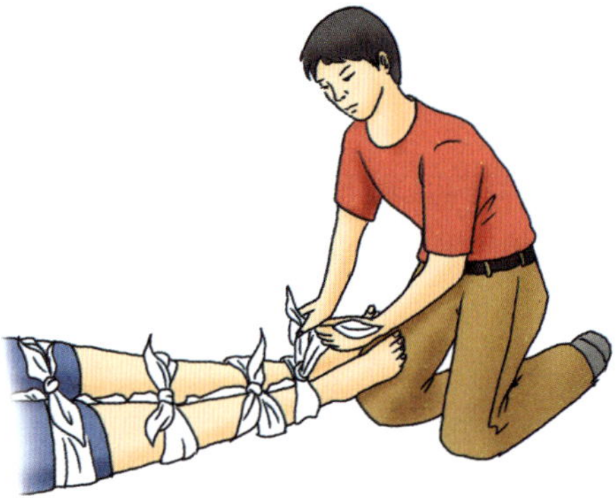

（4）检查脚部肢体末端血液循环；

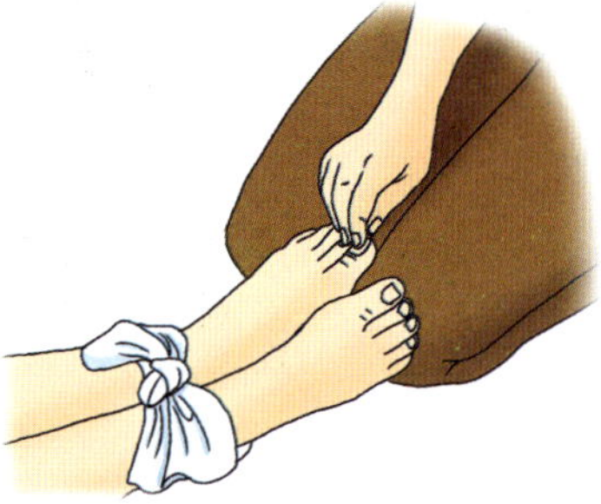

（5）双踝关节“8”字形固定。

附录 道路货物运输驾驶员培训教学大纲

为了加强道路货物运输驾驶员培训管理工作，规范道路货物运输驾驶员培训教学行为，提高驾驶培训质量，制定本大纲。

一 制定依据

根据《中华人民共和国安全生产法》《中华人民共和国反恐怖主义法》《中华人民共和国道路交通安全法》及实施条例、《中华人民共和国道路运输条例》《公路安全保护条例》《机动车驾驶员培训管理规定》《机动车驾驶证申领和使用规定》《道路运输从业人员管理规定》《道路货物运输及站场管理规定》等有关规定制定本大纲，主要包括：道路货物运输驾驶员培训教学大纲和驾驶培训教学日志。

二 学时安排

（1）道路货物运输驾驶员培训教学的学时安排见下表。

学时安排表

内容 \ 学时 \ 车型	A2	B2
总学时	95	125
道路交通安全法律、法规和相关知识	14	16
基础和场地驾驶	41	55
道路驾驶	22	32
安全文明驾驶常识	18	22

备注：每学时为60分钟。其中，有效教学时间不得低于45分钟。

（2）本大纲的学时为各车型基本学时要求。

（3）增加考试内容和项目的，须相应增加学时。

（4）每个学员课堂学习时间每天不得超过4学时，实际操作学习时间每天不得超过4学时。

三 教学要求

（1）本大纲分为“道路交通安全法律、法规和相关知识”“基础和场地驾驶”“道路驾驶”和“安全文明驾驶常识”四部分内容。机动车驾驶员培训机构（以下简称驾培机构）应在培训结束后对学员进行考核，考核可在全部培训结束后进行或在各部分内容培训结束后分别进行。各部分考核不合格的，由考核员提出增加复训的内容和学时建议。鼓励驾培机构聘用二级及以上教练员担任考核员。

（2）“道路交通安全法律、法规和相关知识”和“安全文明驾驶常识”教学可采取多媒体教学、远程网络教学、交通安全体验等多种方式，倡导课堂教学与远程网络教学相结合。课堂教学不得低于6学时，其中，“道路交通安全法律、法规和相关知识”不得低于4学时，“安全文明驾驶常识”不得低于2学时。

（3）“基础和场地驾驶”中“操纵装置的规范操作”和“起步前车辆检查与调整”教学内容，应采用驾驶模拟设备教学；“道路驾驶”中“恶劣条件下的驾驶”“山区道路驾驶”“高速公路驾驶”等内容，可采用驾驶模拟设备教学。模拟教学学时为4学时。

（4）“安全文明驾驶常识”教学应与“道路驾驶”教学交叉融合；“基础和场地驾驶”与“道路驾驶”可交叉训练。

四 其他

（1）驾培机构应根据本大纲制定教学计划，倡导根据学员特点进行差异化教学。

（2）各省应当根据实际对各准驾车型培训里程做出相关要求，但最低不得少于300公里。

五 培训教学大纲

第一部分　道路交通安全法律、法规和相关知识

教学目标：掌握法律、法规和规章中道路货物运输的相关规定；熟练掌握道路交通信号的含义和作用；熟练掌握各类道路条件下的通行规则；掌握道路货物运输从业相关知识；掌握地方性法规的重点内容；了解机动车基本知识，掌握机动车主要仪表、指示灯和操纵机构、安全装置的基本知识。

教学项目	教学内容	教学目标	适用车型
1.法律、法规及道路交通信号	机动车驾驶证和从业资格证的申领与使用	了解法律法规中关于机动车驾驶证申领与使用的规定； *掌握从业资格申请程序、条件、证件使用	A2、B2
	道路交通信号	熟练掌握道路交通信号灯、道路交通标志、道路交通标线、交通警察手势的含义和作用	

续上表

教学项目	教学内容	教学目标	适用车型
1.法律、法规及道路交通信号	道路通行规则	熟练掌握各类道路条件下的通行规则； 熟练掌握变更车道、跟车、超车与限制超车、会车、避让行人和非机动车、掉头与倒车、停车等的规定	A2、B2
	驾驶与从业行为	熟练掌握法律法规中有关驾驶行为的规定和要求； *熟练掌握法律法规中有关从业行为的规定和要求； *掌握超限运输、货物装载有关要求； *掌握道路货物运输驾驶员诚信考核、继续教育的有关规定	
	从业人员权利、义务	*掌握道路货物运输驾驶员在运输经营、安全生产、应对恐怖事件等方面的权利和义务	
	道路货物运输经营	*掌握货物运输经营的有关规定； *掌握大件运输相关规定； *了解道路危险货物运输的从业资格要求	
	违法行为处罚	熟悉主要交通安全、道路货物运输违法行为情形和驾驶机动车的禁止行为； 掌握交通事故责任承担原则，交通肇事罪和危险驾驶罪的含义； 掌握法律责任的基本知识	
	机动车登记	了解机动车登记的有关规定	
	交通事故处理	了解道路交通事故快速处置方法，事故现场保护、事故报警与求助	
	地方性法规	掌握地方性法规的重点内容	
2.机动车基本知识	车辆结构常识	了解车辆的基本构成及各组成部分的基本功能； *了解道路运输车辆改装相关知识	A2、B2
	车辆主要安全装置	掌握安全头枕、安全带、安全气囊、灯光、喇叭、后视镜、逃生出口、仪表、报警灯、防抱死制动系统； 掌握三角警告牌、灭火器等安全设备的作用； *掌握道路货物运输车辆的安全防护装置知识	
	驾驶操纵机构的作用	掌握转向、加速、变速、行车制动和驻车制动等操纵机构的作用	
		掌握离合器操纵机构的作用	A2、B2
	车辆性能	了解车辆性能与安全行车的关系	A2、B2
	车辆检查和维护	掌握车辆日常检查和维护的基本知识	
	车辆运行材料	了解燃油、润滑油、冷却液、风窗玻璃清洗液等运行材料的使用常识； *了解轮胎使用寿命的影响因素	

续上表

教学项目	教学内容	教学目标	适用车型
2.机动车基本知识	汽车列车制动系统、连接与分离装置	了解汽车列车制动系统的结构特点及作用； 了解汽车列车连接与分离装置的结构	A2
*3.道路货物运输相关知识	*道路货物运输基本内容	*了解货物运输的特点及分类； *了解货物运输车辆主要类型与技术特点； *熟悉货物运输基本环节与运输质量要求； *掌握危险货物道路运输禁止、限定、豁免等相关知识； *掌握禁运物品查验要求； *了解货运合同与保险、保价相关知识	A2、B2
	*货物装载知识	*熟知货物装载质量、顺序及拼装配载要求； *熟知常见货物捆扎、固定等方法及货物包装储运图示标志； *掌握运输途中货物装载检查方法	
4.综合复习及考核	道路交通安全法律、法规和相关知识	熟练掌握道路交通安全法律、法规、道路交通信号等相关知识； 掌握车辆的主要安全装置及作用 掌握货物运输相关知识	A2、B2

第二部分　基础和场地驾驶

教学目标：掌握基础驾驶和场地驾驶理论知识；掌握基础的驾驶操作要领，具备对车辆控制的基本能力；熟练掌握基础操作和场内驾驶的基本方法，具备合理使用车辆操纵机件、正确控制车辆运动空间位置的能力，能够准确地控制车辆的行驶位置、速度和路线。

教学项目	教学内容	教学目标	适用车型
1.基础驾驶	基础驾驶操作理论知识	掌握基础驾驶操作的要求及作用	A2、B2
	驾驶姿势	掌握正确的驾驶姿势，合理使用安全带	
	操纵装置的规范操作	掌握转向盘、变速器操纵杆、驻车制动装置、行车制动装置、加速操纵装置的正确操作方法； 掌握灯光信号、喇叭及其他操纵装置的正确操作方法	
		掌握离合器踏板的正确操作方法	A2、B2
	*车辆安全检视	*掌握出车前车辆外观、发动机舱的正确检视方法； *掌握行车中、收车后的车辆安全检视内容和方法	A2、B2

续上表

教学项目	教学内容	教学目标	适用车型
1.基础驾驶	起步前车辆检查与调整	掌握检查操纵装置、起动发动机、检查仪表、停熄发动机的正确方法； 掌握调整座椅、头枕、后视镜，以及系、松安全带的正确方法	B2
	牵引车与挂车的连接与分离	掌握牵引车与挂车的连接与分离的正确操作方法和注意事项	A2
	*轮胎更换	*掌握车辆后轮外侧轮胎的拆卸、安装方法； *掌握千斤顶的使用方法	A2、B2
	上车、下车动作	掌握正确的上车、下车动作	B2
	上车前的观察	掌握上车前观察，确认安全的正确方法	A2、B2
	下车前的观察	掌握下车打开车门前观察，确认安全的正确方法	
	起步、停车	掌握起步前观察后方、侧方交通情况，安全平稳起步、停车的正确操作方法	A2、B2
	变速、换挡、倒车	掌握加速、减速、换挡和倒车的正确操作方法	
	行驶位置和路线	掌握根据道路情况合理控制车速，保持车辆沿正确位置和路线行驶的正确操作方法，养成良好的车感和空间感	
2.场地驾驶	场地驾驶理论知识	掌握速度控制、转向控制、空间位置对安全行车的影响	A2、B2
	坡道定点停车和起步	掌握操纵车辆定点停车和坡道平稳起步的正确操作方法	A2、B2
	侧方停车	掌握操纵车辆顺向停入道路右侧车位（库）的正确操作方法	A2、B2
	曲线行驶	掌握操纵转向盘，控制车辆进行曲线行驶的正确操作方法	
	直角转弯	掌握在急转弯路段正确操纵转向盘，准确判断内外轮差的方法	
	通过单边桥	掌握准确运用转向盘，正确判断车轮直线行驶轨迹，顺利通过单边桥的方法	A2、B2
	通过限宽门	掌握在一定车速下准确判断车身空间位置，顺利通过限宽门的正确操作方法	A2、B2
	通过连续障碍	掌握准确判断车轮行驶轨迹和内外轮差，顺利通过连续障碍的方法	
	起伏路行驶	掌握操纵车辆以最小颠簸方式平顺通过起伏路面的正确操作方法	
	窄路掉头	掌握操纵车辆三进二退完成掉头的方法	
	侧方移位、倒车进库	掌握准确判断车辆行驶空间位置，操纵车辆进行倒车进库、移位和出库的方法	

续上表

教学项目	教学内容	教学目标	适用车型
2.场地驾驶	模拟高速公路驾驶	掌握操纵车辆在模拟高速公路完成驶入（出）高速公路收费口、匝道入主道、变更车道、驶离高速公路的方法	A2、B2
	模拟连续急弯山区路驾驶	掌握操纵车辆在模拟急弯山区路完成减速、鸣喇叭（非禁鸣区）、靠右行驶、通过弯道的方法	
	模拟隧道驾驶	掌握操纵车辆在模拟隧道完成减速、开启（关闭）灯光、鸣喇叭（非禁鸣区）的方法	
	模拟雨（雾）天驾驶	掌握操纵车辆在模拟雨（雾）天气路段完成减速、选择刮水器挡位、开启灯光的方法	
	模拟湿滑道路驾驶	掌握操纵车辆在模拟湿滑路完成减速、以低速挡匀速行驶的方法	
	模拟紧急情况处置	掌握操纵车辆模拟在紧急情况出现时，完成制动、停车、开启危险报警闪光灯、摆放三角警告牌、撤离车内人员的正确方法	
	跟车行驶	掌握50km/h或70km/h跟车行驶的方法	B2
	停靠货台	掌握倒车尾靠货台、倒车侧靠货台、前进侧靠货台，准确停靠到位的方法	A2、B2
	独立驾驶	能独立在场内安全驾驶车辆	A2、B2
3.综合驾驶及考核	基础和场地驾驶	综合运用所学内容，熟练完成基础驾驶和场地驾驶	A2、B2

第三部分　道路驾驶与应用能力

教学目标：掌握道路驾驶时的安全行车相关知识；熟练掌握一般道路和夜间驾驶方法，能够根据不同的道路交通状况安全驾驶；具备自觉遵守交通法规、有效处置随机交通状况、无意识合理操纵车辆的能力，做到安全、文明、谨慎驾驶。

教学项目	教学内容	教学目标	适用车型
1.跟车行驶	跟车距离和跟车速度控制	熟悉跟车时合理控制跟车速度、保持跟车距离知识，掌握跟车行驶的安全驾驶方法	A2、B2
2.变更车道	安全变更车道	熟悉变更车道时观察、判断安全距离，控制行驶速度知识，掌握使用灯光信号，合理选择变更车道时机、平稳变更车道的安全驾驶方法	
3.靠边停车	顺位停车 S形倒车入位 L形倒车入位	熟悉靠边停车时正确使用灯光信号，观察后方和两侧交通状况知识，掌握靠路边顺位停车、倒入路边车位（S形倒车入位）、倒入车库（L形倒车入位）的驾驶方法	A2、B2

续上表

教学项目	教学内容	教学目标	适用车型
4.掉头	安全掉头	熟悉掉头时降低车速，观察交通状况知识，掌握正确选择掉头地点和时机安全掉头的驾驶方法	A2、B2
5.通过路口	直行通过路口	熟悉路口合理观察交通状况知识，掌握减速或停车瞭望，直行通过路口的安全驾驶方法	
	路口左转弯、路口右转弯	熟悉路口合理观察交通状况及视野盲区知识，掌握减速或停车瞭望，正确使用灯光信号，左、右转弯通过路口的安全驾驶方法	
6.通过人行横道	安全通过人行横道	熟悉在人行横道前观察两侧交通状况、提前减速、礼让行人知识，掌握安全通过的驾驶方法	
7.通过学校区域	安全通过学校区域	熟悉通过学校区域时，提前减速观察，文明礼让，避让学生和校车知识，掌握安全通过的驾驶方法	
8.通过公共汽车站	安全通过公共汽车站	熟悉通过公共汽车站提前减速，观察公共汽车进、出站动态和上下车乘客动态及预防行人横穿道路知识，掌握安全通过的驾驶方法	
9.会车	安全会车	熟悉正确判断会车地点、会车时机及与对方车辆保持安全间距知识，掌握安全会车驾驶方法	
10.超车	安全超车	熟悉超车前观察被超越车辆动态，合理选择超车时机，超车中保持与被超越车辆安全间距和超车后驶回原车道知识，掌握安全超车驾驶方法	
11.夜间驾驶	正确使用灯光与夜间安全驾驶	熟悉夜间起步、会车、超车、通过急弯、通过坡路、通过拱桥、通过人行横道或者在没有交通信号灯控制的路口正确使用灯光知识，掌握夜间安全驾驶方法	
12.恶劣条件下的驾驶	恶劣条件下的安全驾驶	熟悉雨天、雾（霾）天、冰雪路面、泥泞道路、涉水等恶劣条件下的安全驾驶要领和方法	
13.山区道路驾驶	山区道路安全驾驶	熟悉山区道路的安全驾驶要领和方法	
14.高速公路驾驶	模拟高速公路安全驾驶	熟悉高速公路的安全驾驶要领和方法	A2、B2
15.行驶路线选择	自行选择行驶路线的安全驾驶	能够按照自行选择的行驶路线安全驾驶	A2、B2
16.综合驾驶及考核	道路安全驾驶	在道路上安全驾驶所学准驾车型	A2、B2

第四部分 安全文明驾驶常识

教学目标：掌握各种道路条件、气象环境下的安全文明驾驶知识；掌握正确辨识各类道路交通信号的知识；掌握危险源辨识与防御性驾驶方法；掌握紧急情况下的临危处置知识；了解发生交通事故后现场处置、伤员自救常识和常见危险化学品名称、特性等常识；正确分析各类典型事故案例。

教学项目	教学内容	教学目标	适用车型
1.安全、文明驾驶知识	职业道德与身心健康	*道路货物运输驾驶员的职业道德； 掌握酒精、毒品、药物及疲劳驾驶、不集中注意力等不良生理心理状态对安全驾驶的危害、影响，养成自觉杜绝违法驾驶行为和避免在不良生理心理状态下驾驶的习惯； *了解货运驾驶员心理健康与调节； *了解货运驾驶员生理健康与职业病预防知识； *了解货运驾驶员反应时间对安全驾驶的影响	A2、B2
	安全驾驶	掌握车辆安全检查与调整方法，养成行车前对车辆进行安全检查与调整的驾驶习惯； 掌握车内安全装置的正确使用方法，熟知乘车人的安全保护方法，养成使用安全带、安全头枕等主要安全装置的习惯； 掌握起步、汇入车流、跟车行驶、变更车道、会车、超车、让超车、停车、掉头、倒车及通过弯道、路口、人行横道、学校区域、居民小区、公交车站的安全驾驶方法，养成安全行车的驾驶习惯	
	文明礼让	了解汽车语言和驾驶人手势的含义； 培养优先通行权与安全礼让行人（尤其儿童）、非机动车和其他车辆(尤其校车)等其他交通参与者的道德意识，杜绝常见违法行为和不文明行为，养成文明礼让的驾驶习惯	
	常见道路交通信号辨识	能正确辨识交通信号灯、交通标志标线和交通警察手势等，养成自觉遵守道路交通信号的驾驶习惯	
2.夜间和高速公路安全驾驶知识	夜间驾驶	掌握夜间灯光的使用、路面的识别与判断、会车、跟车、超车、让超车、通过交叉路口、通过坡道、通过人行横道、转弯的安全驾驶方法及车辆发生故障时处置方法	
	高速公路驾驶	掌握驶入高速公路收费口、通过匝道、汇入车流、加速车道行驶、行车道的选择、变更车道、速度控制、通过隧道、减速车道行驶、驶出高速公路的安全驾驶方法	

续上表

教学项目	教学内容	教学目标	适用车型
3.恶劣气象和复杂道路条件下的安全驾驶知识	雨天驾驶	掌握雨天正确使用灯光和刮水器、选择行驶路面、控制行驶速度、跟车、会车、制动、停车的安全驾驶方法	A2、B2
	冰雪道路驾驶	掌握雪天正确使用灯光、选择行驶路面、控制行驶速度、跟车、会车、制动、停车的安全驾驶方法； 掌握结冰路面安全驾驶方法及防滑链的使用	
	雾（霾）天驾驶	掌握雾（霾）天正确使用灯光、选择行驶路面、控制行驶速度、跟车、会车、制动、停车的安全驾驶方法	
	大风天气驾驶	掌握大风天气正确使用灯光、选择行驶路面、控制行驶速度、跟车、会车、制动、停车安全驾驶方法	
	泥泞道路驾驶	掌握泥泞道路的路面选择、速度控制、方向控制方法； 了解侧滑、驱动轮空转的处置方法	
	涉水驾驶	熟悉通过漫水桥、漫水路及其他涉水情况的安全驾驶方法	
	施工道路驾驶	掌握通过施工路段的安全驾驶方法	
	通过铁路道口	掌握通过铁路道口的安全驾驶方法	
	山区道路驾驶	掌握山区道路跟车、超车、会车、停车、坡道和弯道行驶的安全驾驶方法	
	通过桥梁	掌握通过立交桥、公路跨线桥、山区跨涧公路大桥及跨江、河、海大桥及简易桥梁的安全驾驶方法	
	通过隧道	熟悉通过隧道的明暗适应知识； 掌握通过隧道时灯光使用、速度控制方法及禁止行为； 了解隧道中发生事故后应急逃生原则与方法	
4.危险源辨识与防御性驾驶	*危险源辨识与防御性驾驶	掌握危险源辨识基本知识，养成提前预判风险的习惯； 掌握动视力和视野盲区对安全行车的影响； *掌握跟车、会车、超车、变更车道、转弯、倒车、掉头等不同行驶状态下危险源辨识与防御性驾驶方法； *掌握山区道路、桥梁、隧道等典型道路环境下危险源辨识与防御性驾驶方法； *掌握雨天、雪天、雾（霾）天、风沙等恶劣气象条件下危险源辨识与防御性驾驶方法； *掌握高速公路危险源辨识与防御性驾驶方法； *掌握夜间危险源辨识与防御性驾驶方法	

续上表

教学项目	教学内容	教学目标	适用车型
5.紧急情况应急处置知识	紧急情况临危处置	掌握紧急情况临危处置原则； 熟悉轮胎漏气、突然爆胎、转向突然失控、制动突然失效、发动机突然熄火、车辆侧滑、碰撞、连续倾翻、着火、落水、突然出现障碍物、行人及动物突然横穿、遇险时处置及对乘员的保护等临危应急处置方法； *掌握发生火灾、爆炸等情况的应急处置方法； *掌握突遇自然灾害的应急处置方法； *掌握应对恐怖袭击等的处置方法；掌握灭火器、安全锤、三角警告牌等的正确使用方法	A2、B2
	高速公路驾驶紧急避险	掌握高速公路紧急避险的原则； 熟悉高速公路行驶发生“水滑”、雾（霾）天遇事故、意外碰撞护栏、遇到横风、紧急情况停车的应急避险方法； 了解高速公路避险车道使用知识	
	发生交通事故后的处置	了解交通事故逃生、现场处置和伤员急救的原则； 了解昏迷不醒、失血、烧伤、中毒、骨折伤员的自救、急救的基本要求和方法； 了解常用的伤员止血方法	
6.危险化学品知识	常见危险化学品知识	了解常见危险化学品和放射性物品的种类、危害及运输中特殊情况的处理原则	A2、B2
7.典型事故案例分析	违法行为综合判断与案例分析	能够正确分析道路交通典型事故案例，判断事故发生的主要原因	A2、B2
8.综合复习及考核	安全文明驾驶知识	熟练掌握实际驾驶中的安全文明驾驶常识	A2、B2

备注：标注*且红色字体部分为道路货物运输相关知识。

六 教学日志（略）